普通高等教育土建学科专业"十一五"规划教材
高等学校交通运输与工程类专业规划教材

Problem Book for Road Engineering Graphics

道路工程制图习题集

（第五版）

袁 果 刘 政 主 编

何铭新 主 审

人民交通出版社股份有限公司

北 京

内　容　提　要

本习题集是根据教育部高等学校工程图学课程教学指导委员会 2015 年制定的"高等学校本科工程图学课程教学基本要求"和国家近期颁布的有关新标准，结合近几年教学改革经验，在第四版的基础上修订而成。

本习题集与谢步瀛、袁果主编的《道路工程制图（第五版）》教材配套使用。习题集编排顺序与教材顺序一致。

本书可作为高等学校土木工程专业（路桥方向）、道路桥梁与渡河工程专业、交通工程专业等的教材，也可作为继续教育同类专业的教材，以及供工程技术人员在生产实践中参考。

图书在版编目（CIP）数据

道路工程制图习题集 / 袁果，刘政主编. — 5 版
. —— 北京：人民交通出版社股份有限公司，2017.5（2025.7重印）
ISBN 978-7-114-13821-8

Ⅰ. ①道… Ⅱ. ①袁… ②刘… Ⅲ. ①道路工程—工程制图—高等学校—习题集 Ⅳ. ①U412.5-44

中国版本图书馆 CIP 数据核字（2017）第 104277 号

普通高等教育土建学科专业"十一五"规划教材
高等学校交通运输与工程类专业规划教材

书　　　名	道路工程制图习题集（第五版）
著　作　者	袁　果　刘　政
责任编辑	郑蕉林　李　晴
出版发行	人民交通出版社股份有限公司
地　　　址	（100011）北京市朝阳区安定门外外馆斜街 3 号
网　　　址	http://www.ccpcl.com.cn
销售电话	（010）85285911
总　经　销	人民交通出版社股份有限公司发行部
经　　　销	各地新华书店
印　　　刷	北京市密东印刷有限公司
开　　　本	787×1092　1/8
印　　　张	14.5
版　　　次	1979 年 8 月　第 1 版　1983 年 6 月　第 2 版　1990 年 9 月　第 3 版　2006 年 7 月　第 4 版　2017 年 5 月　第 5 版
印　　　次	2025 年 7 月　第 5 版　第 9 次印刷　总第 56 次印刷
书　　　号	ISBN 978-7-114-13821-8
定　　　价	28.00 元

（有印刷、装订质量问题的图书由本公司负责调换）

高等学校交通运输与工程(道路、桥梁、隧道与交通工程)教材建设委员会

主 任 委 员: 沙爱民　（长安大学）

副主任委员: 梁乃兴　（重庆交通大学）
　　　　　　　陈艾荣　（同济大学）
　　　　　　　徐　岳　（长安大学）
　　　　　　　黄晓明　（东南大学）
　　　　　　　韩　敏　（人民交通出版社股份有限公司）

委　　　员: (按姓氏笔画排序)

马松林　（哈尔滨工业大学）	王云鹏　（北京航空航天大学）
石　京　（清华大学）	申爱琴　（长安大学）
朱合华　（同济大学）	任伟新　（合肥工业大学）
向中富　（重庆交通大学）	刘　扬　（长沙理工大学）
刘朝晖　（长沙理工大学）	刘寒冰　（吉林大学）
关宏志　（北京工业大学）	李亚东　（西南交通大学）
杨晓光　（同济大学）	吴瑞麟　（华中科技大学）
何　民　（昆明理工大学）	何东坡　（东北林业大学）
张顶立　（北京交通大学）	张金喜　（北京工业大学）
陈　红　（长安大学）	陈　峻　（东南大学）
陈宝春　（福州大学）	陈静云　（大连理工大学）
邵旭东　（湖南大学）	项贻强　（浙江大学）
胡志坚　（武汉理工大学）	郭忠印　（同济大学）
黄　侨　（东南大学）	黄立葵　（湖南大学）
黄亚新　（解放军理工大学）	符锌砂　（华南理工大学）
葛耀君　（同济大学）	裴玉龙　（东北林业大学）
戴公连　（中南大学）	

秘 书 长: 孙　玺　（人民交通出版社股份有限公司）

第五版前言

教育部高等学校工程图学课程教学指导委员会2015年修订了"普通高等学校工程图学课程教学基本要求"。中华人民共和国住房和城乡建设部、中华人民共和国国家质量监督检验检疫总局于2010年8月联合发布了与房屋建筑制图有关的国家标准:《房屋建筑制图统一标准》(GB/T 50001—2010)、《总图制图标准》(GB/T 50103—2010)、《建筑制图标准》(GB/T 50104—2010)、《建筑结构制图标准》(GB/T 50105—2010)、《建筑给水排水制图标准》(GB/T 50106—2010)和《暖通空调制图标准》(GB/T 50114—2010),并于2011年3月1日起实施。为了遵循新的教学基本要求和国家标准,编写组对《道路工程制图习题集(第四版)》进行修订,与谢步瀛、袁果主编的《道路工程制图(第五版)》教材配套使用。

本次修订除了继续保持本书以前版本的特色外,还注意了以下几点:

1. 按照最新的房屋建筑制图国家标准及相关设计规范、标准图集等,着重修订了房屋施工图、道路工程图等内容。
2. 对全书文字叙述和图例作了全面的审阅和修订,力求文字精练,图例精美。
3. 根据"普通高等学校工程图学课程教学基本要求"及教学计划课时压缩的实际情况,本书对少量较难的习题标注了"＊"号,供任课教师根据具体情况选用。

参加本习题集修订的有:湖南大学袁果(第四、七、八、十四、十五章)、陈美华(第五、十三章)、蒋德松(第二、三章),同济大学董冰(第十一章)、刘政(第六、十二、十六、十七章)、王德芳(第九、十章)。全书由湖南大学袁果、同济大学刘政任主编,同济大学何铭新教授主审。在编写过程中,承有关设计单位、科研所及兄弟院校大力支持并提供资料,谨此表示感谢。

由于作者水平有限,时间仓促,不足之处恳请广大读者批评指正。

编 者

2017 年 3 月

第四版前言

本习题集是在徐志宏主编的《道路工程制图习题集(第三版)》的基础上,结合参编作者多年的教学经验修订而成,与谢步瀛、袁果主编的《道路工程制图(第四版)》教材配套使用。

本次修订以教育部高等教育司于 2005 年制定的"高等学校本科工程图学课程教学基本要求"和国家质量监督检验检疫总局与建设部 2011 年联合发布的《房屋建筑制图统一标准》(GB/T 50001—2001)、《总图制图标准》(GB/T 50103—2001)、《建筑制图标准》(GB/T 50104—2001)、《建筑结构制图标准》(GB/T 50105—2001)、《给水排水制图标准》(GB/T 50106—2001)、《道路工程制图标准》(GB 50162—1992)及有关《技术制图》《机械制图》国家标准等指导性文件作为编写的重要依据。

本习题集有以下特点:

1. 为了与新修订的第四版教材配套,本习题集与第三版相比在编排顺序上作了一些调整,与修订后的教材编排顺序一致。

2. 为适应新的专业教学计划,根据制图课程学时减少的实际情况,精简了投影理论部分某些繁琐内容。在选题上力求遵循学生的认识规律,在编排内容上采取由浅入深、由易到难、由简到繁、前后衔接的原则。

3. 在制图基础及专业制图部分的练习,大部分取材于道路、桥梁和房屋建筑等实际工程图纸,注重理论与实际结合。为了培养学生的绘图技能,本习题集还要求学生根据作业指示书,完成一定数量的铅笔图和墨线图。

4. 全书所有图例均用计算机重新绘制,基本做到图例中线型宽度一致,汉字、数字和字母的字号统一。凡涉及制图及专业标准的内容,均根据最新标准进行了修订。

参加本教材修订的有湖南大学袁果(第七、十四、十五章)、陈美华(第五、十三章)、聂旭英(第四、八章)、蒋德松(第二、三章),同济大学董冰(第十一章)、刘政(第六、十二、十六、十七章)、王德芳(第九、十章)。全书由湖南大学袁果、同济大学刘政任主编,同济大学何铭新教授主审。在编写过程中,承有关设计单位、科研所及兄弟院校大力支持并提供资料,谨此表示感谢。

由于作者水平有限,时间仓促,不足之处恳请广大读者批评指正。

编 者
2006 年 4 月

目 录

- 二、点和直线 …………………………………………………………………… (1)
  - 点的投影 ………………………………………………………………… (1)
  - 直线的投影 ……………………………………………………………… (3)
- 三、平面 ………………………………………………………………………… (6)
- 四、直线与平面、平面与平面的相对位置 …………………………………… (9)
- 五、投影变换 …………………………………………………………………… (12)
- 六、曲线曲面 …………………………………………………………………… (15)
- 七、立体的投影及其表面交线 ………………………………………………… (17)
  - 平面立体的投影、平面与平面立体相交 ……………………………… (17)
  - 切口立体及立体的截断 ………………………………………………… (18)
  - 直线与立体相交 ………………………………………………………… (19)
  - 两平面立体相交 ………………………………………………………… (20)
  - 平面立体与曲面立体相交 ……………………………………………… (21)
  - 两曲面立体相交 ………………………………………………………… (22)
- 八、轴测投影 …………………………………………………………………… (23)
- 九、透视 ………………………………………………………………………… (25)
- 十、标高投影 …………………………………………………………………… (29)
- 十一、制图基础 ………………………………………………………………… (31)
- 十二、工程形体的表达方法 …………………………………………………… (35)
- 十三、道路工程图 ……………………………………………………………… (43)
- 十四、桥梁工程图 ……………………………………………………………… (44)
- 十五、隧道、涵洞工程图 ……………………………………………………… (47)
- 十六、房屋施工图 ……………………………………………………………… (48)
- 十七、机械图 …………………………………………………………………… (52)

二、点和直线

2-1 已知 A、B、C、D 四点的立体图，试画出这四点的投影图。

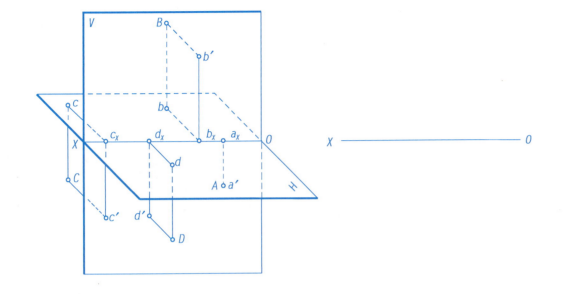

2-2 已知 B 点在 A 点之左15，之上30，之前5；C 点在 A 点之右20，之上35，之前40；D 点在 A 点之左30，之下10，之前25，试画出 B、C、D 三点的投影图，并填写四点的所在分角。

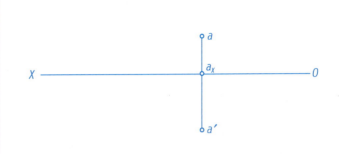

点	所在分角
A	
B	
C	
D	

2-3 作出 A(20, 17, 25)、B(0, 10, 16) 两点的立体图和投影图（单位均为mm）。

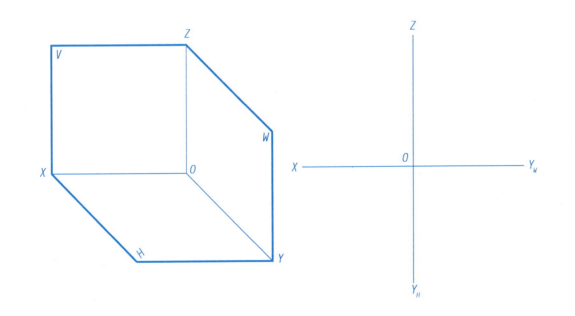

2-4 已知 A、B、C、D 四点的立体图，试画出这四点的三面投影图。

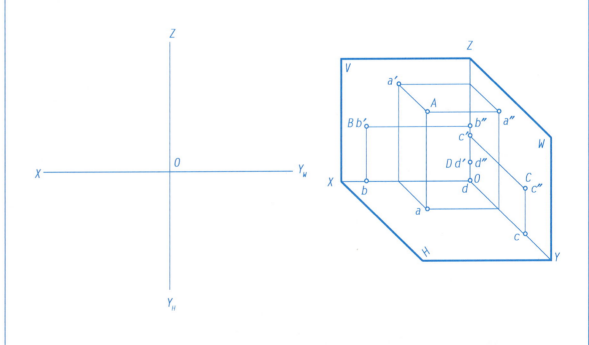

| 二 | 点的投影(一) | 专业 | 班级 | 姓名 | 学号 | 日期 | 评阅 | 成绩 |

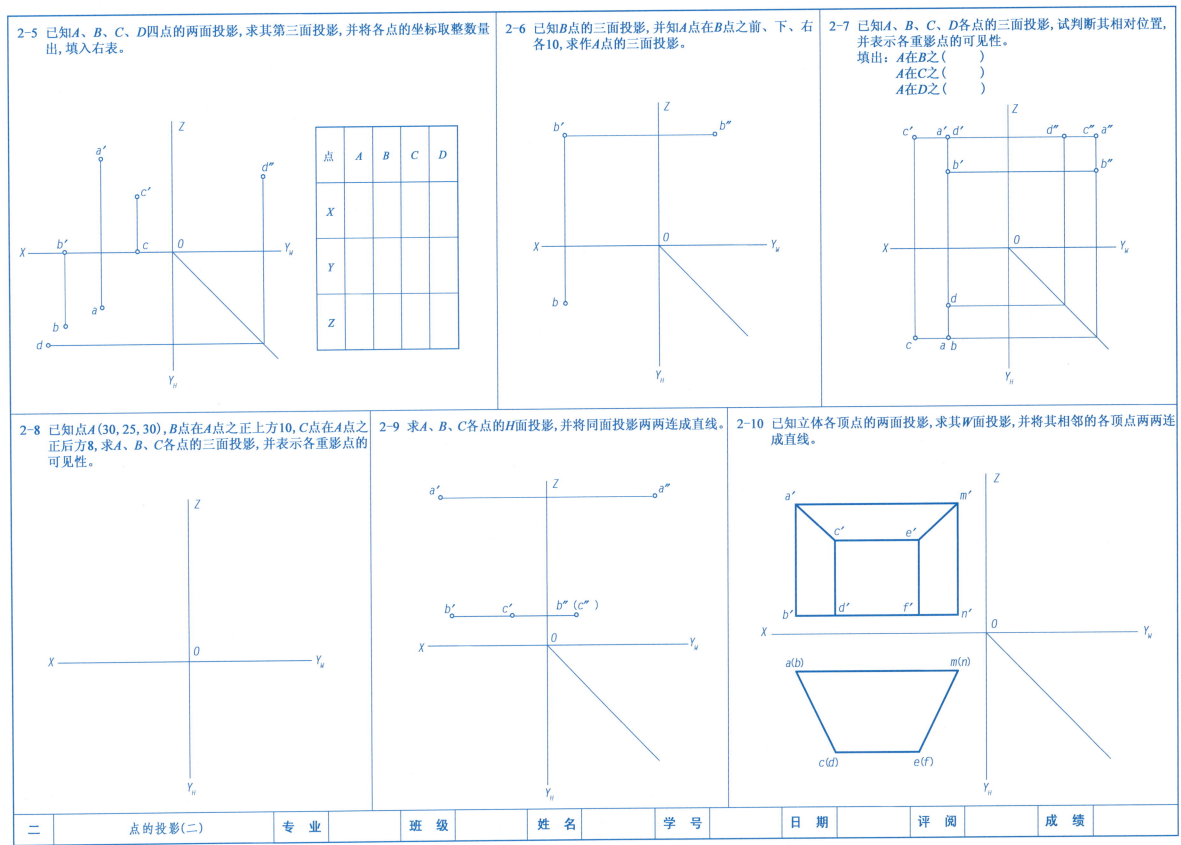

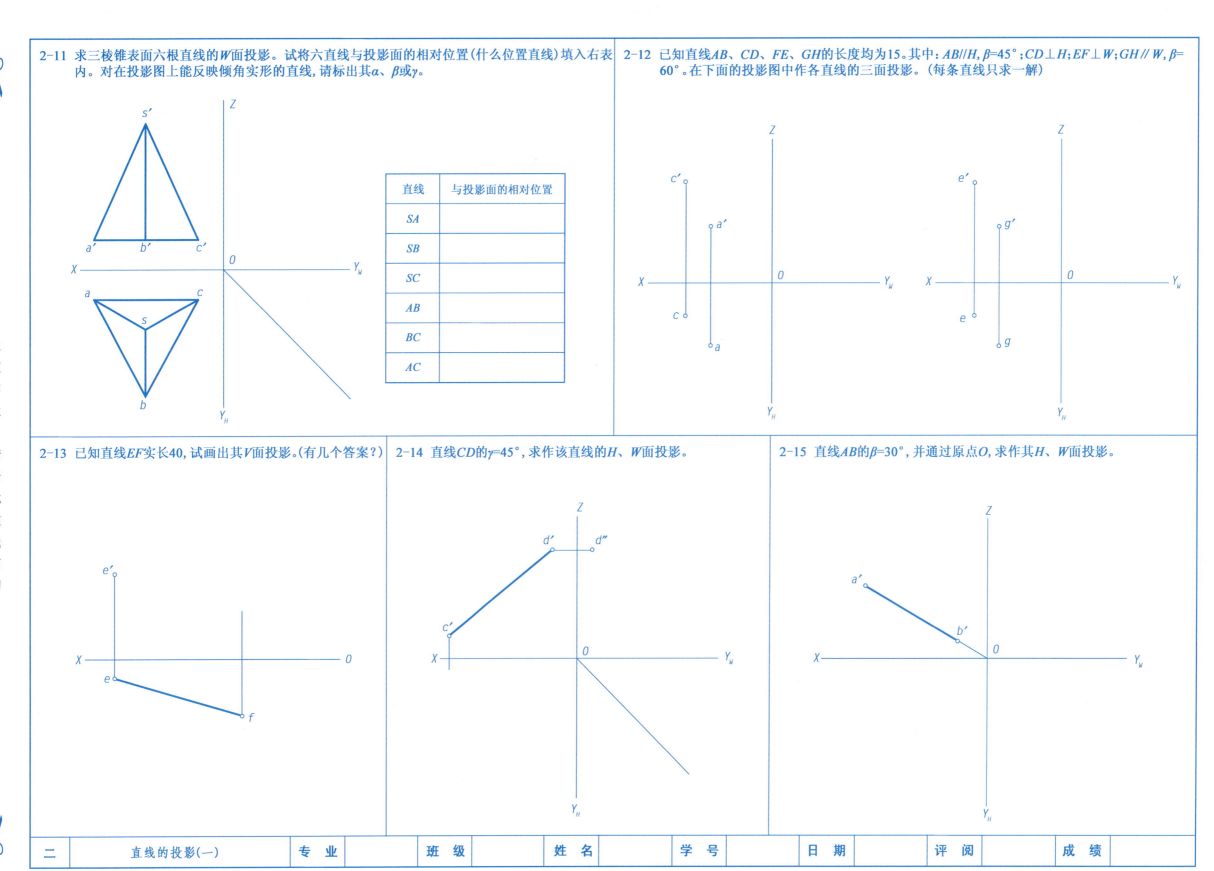

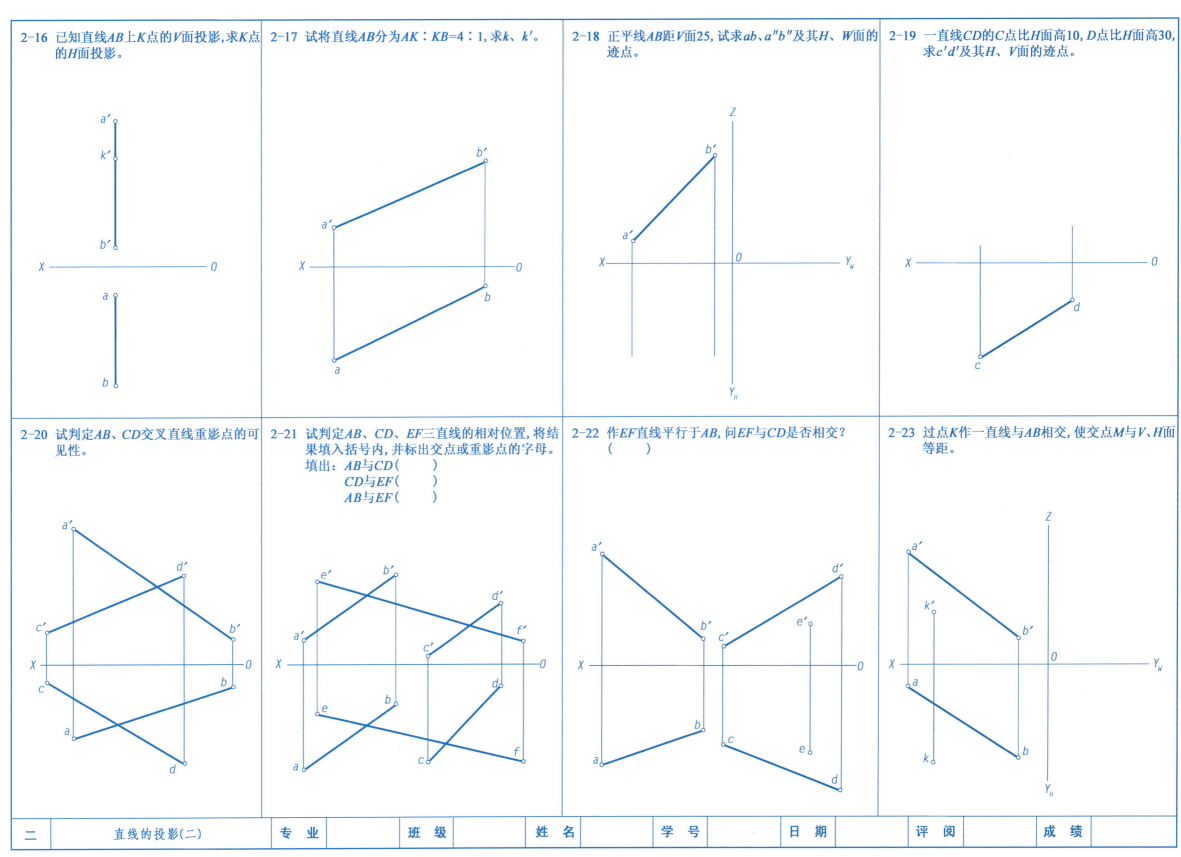

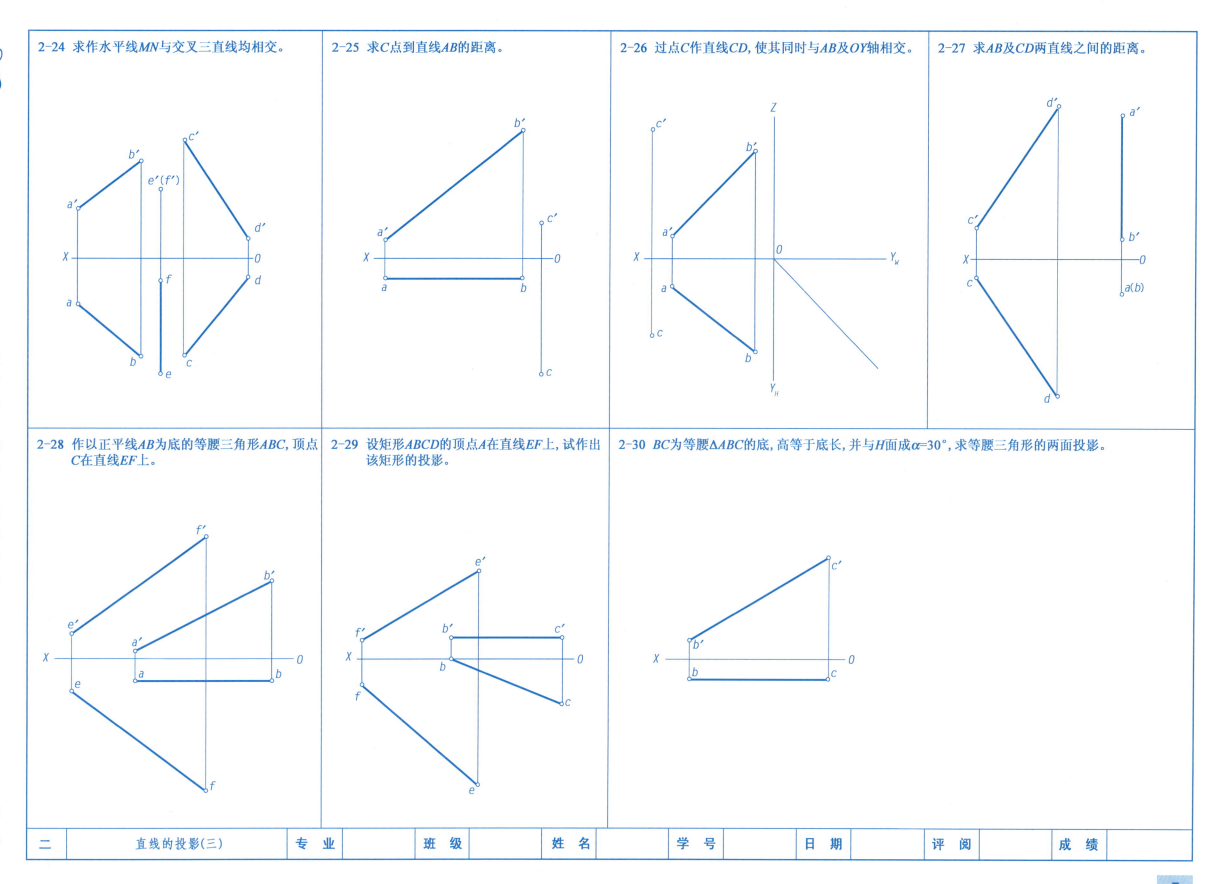

三、平面

3-1 求作桥墩形体的 W 投影，并将其七个表面与投影面的相对位置名称填入下表。

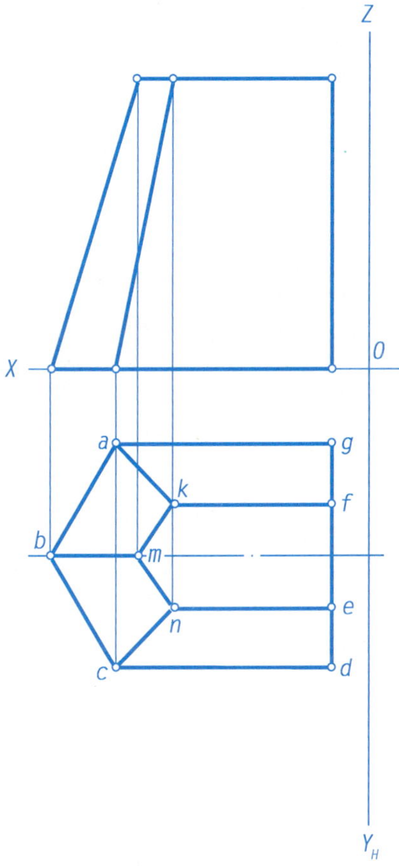

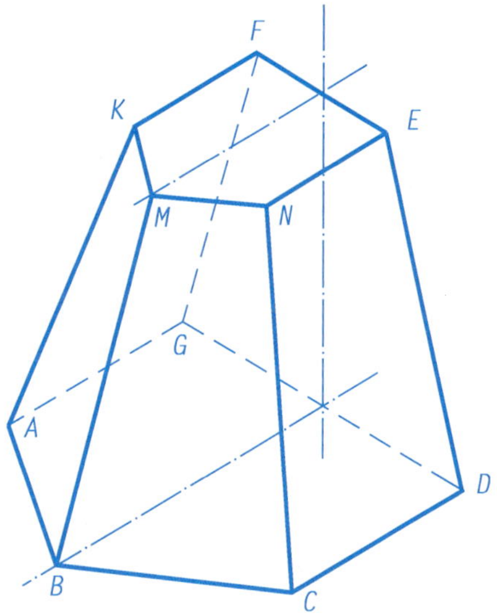

平面	名称
AKMB	
BMNC	
NCDE	
FKMNE	
AGFK	
ABCDG	
GFED	

3-2 图示平面为侧垂面，求作该平面的 H 面投影。

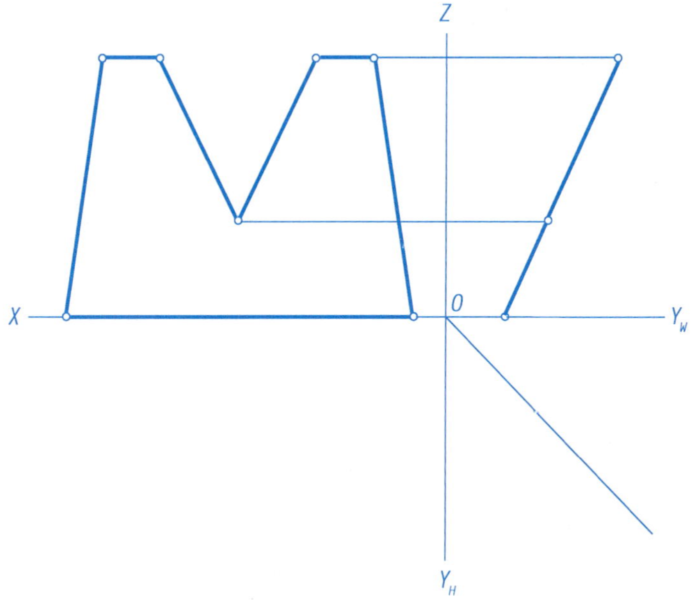

3-3 已知等边三角形 ABC 为水平面，并知其 AB 边，求此三角形的三面投影。

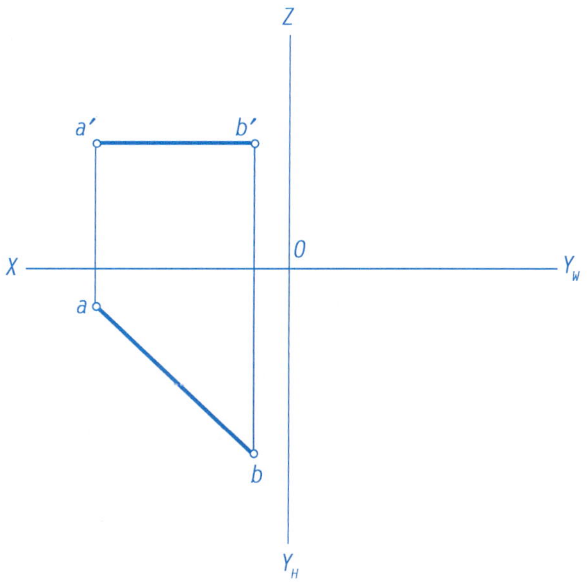

3-4 已知矩形 ABCD 为侧垂面，其 $\alpha = 30°$，求此矩形的 V、W 面投影。（只求一解）

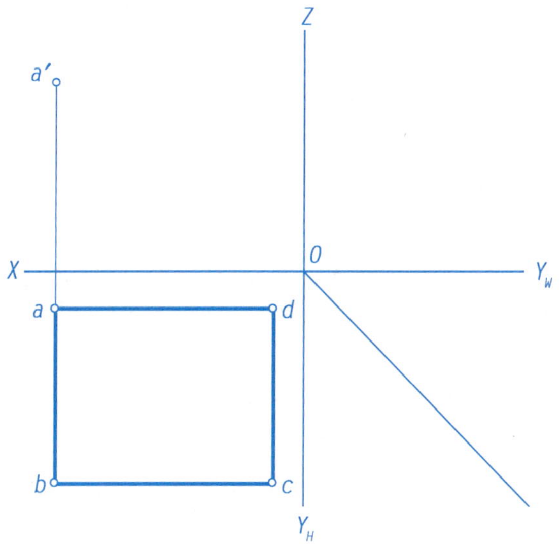

3-5 过点 C 作平行于 V 面的正方形 ABCD，边长为 25，对角线 AC 垂直于 H 面。

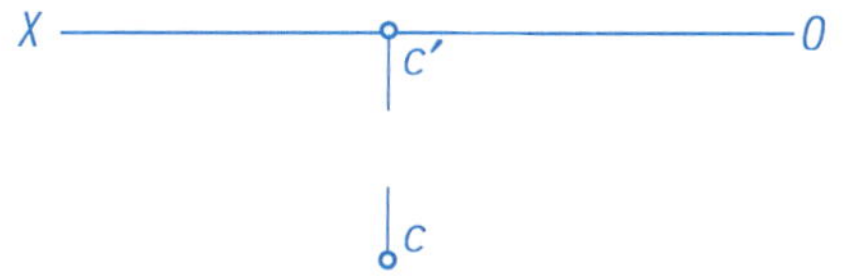

三　平面（一）

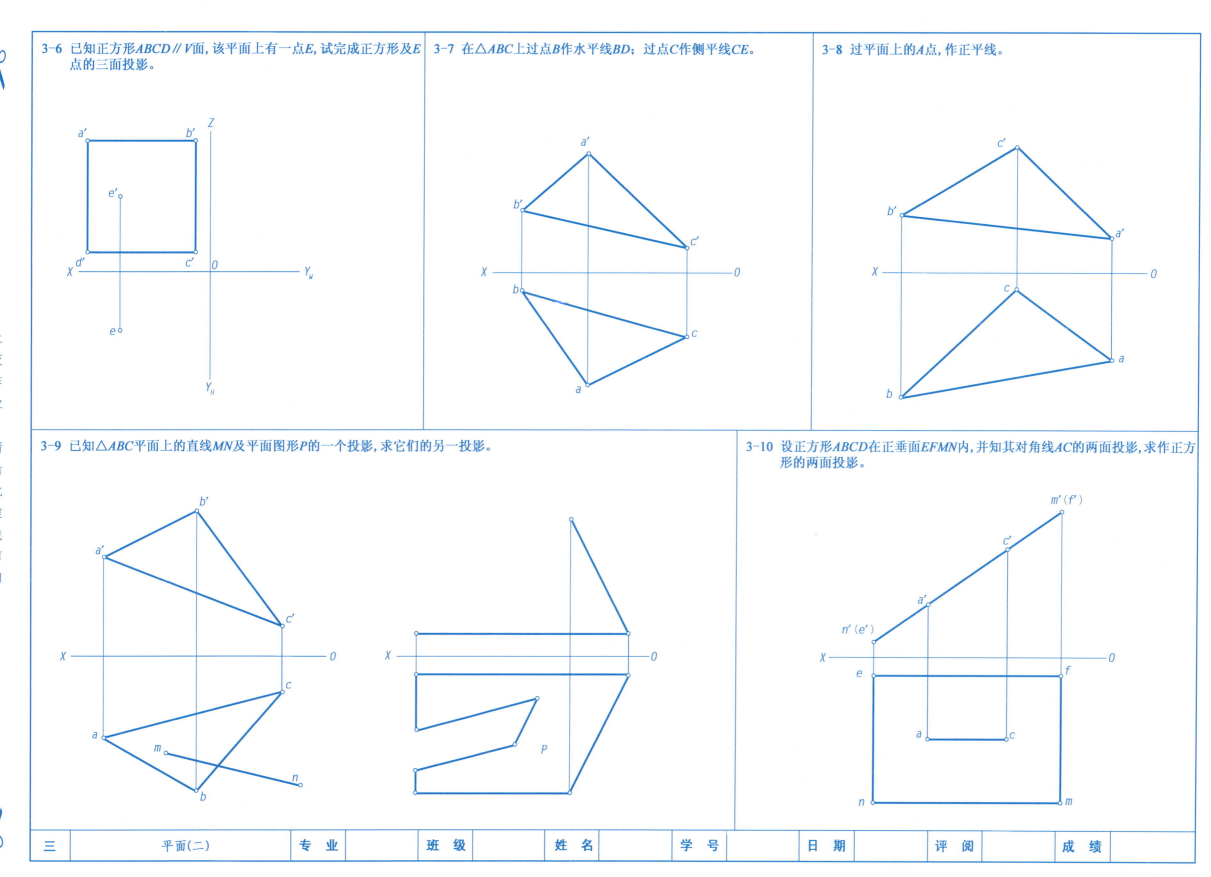

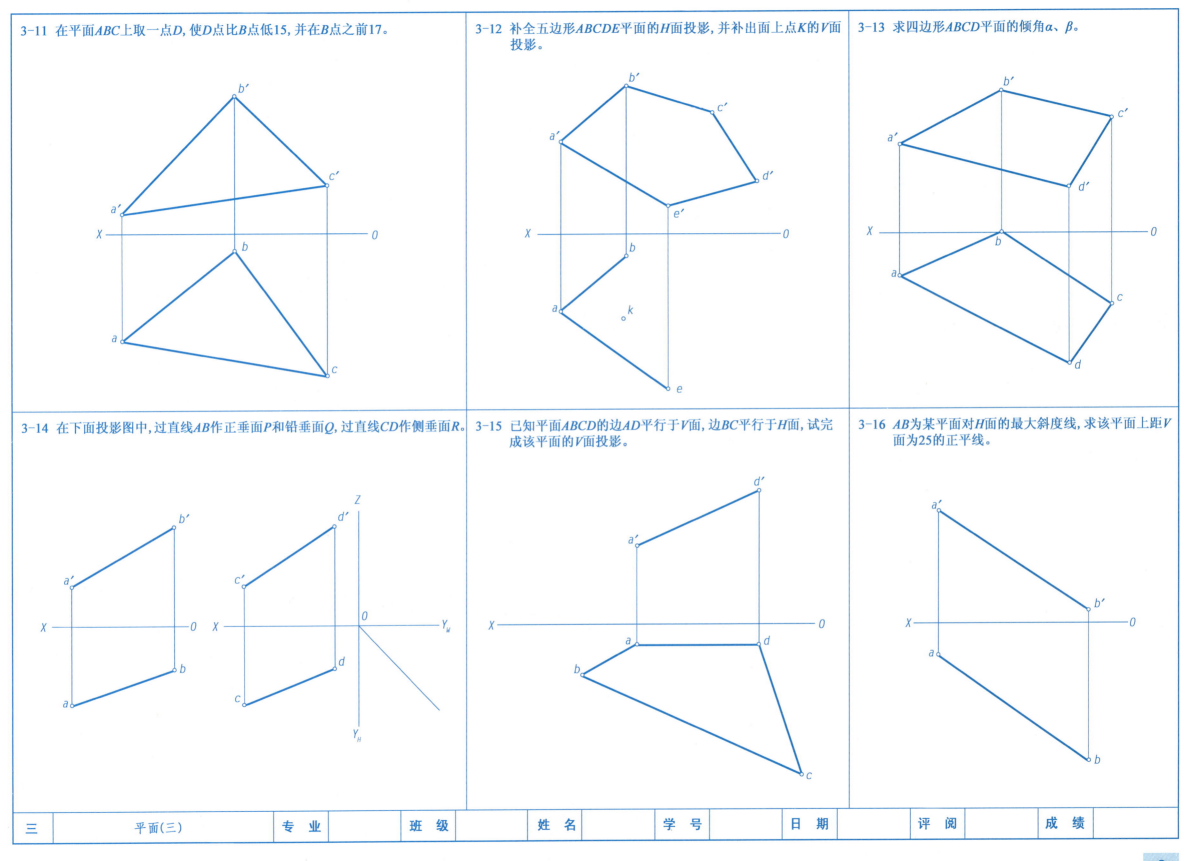

四、直线与平面、平面与平面的相对位置

4-1 过直线AB作一平面平行于直线CD。

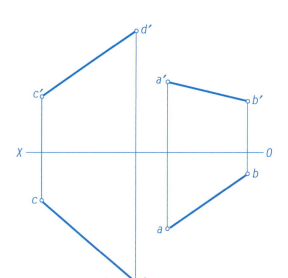

4-2 过点K作一直线既平行于V面又平行于△ABC平面。

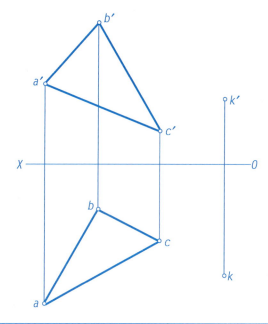

4-3 过点K作平面平行于△ABC平面。

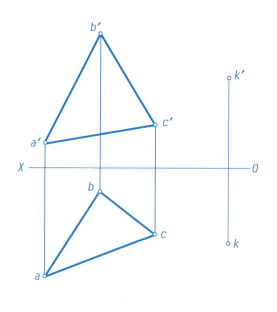

4-4 判别直线AB和CD是否分别与已知平面△EFG平行。
  填出：AB与△EFG（ ）
     CD与△EFG（ ）

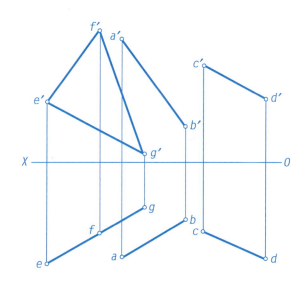

4-5 求作直线EF与△ABC平面的交点K，并判别直线EF的可见性。

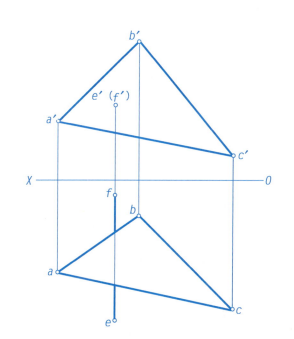

4-6 求作直线EF与平面ABCD的交点K，并判别直线EF的可见性。

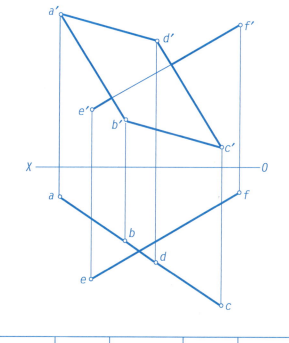

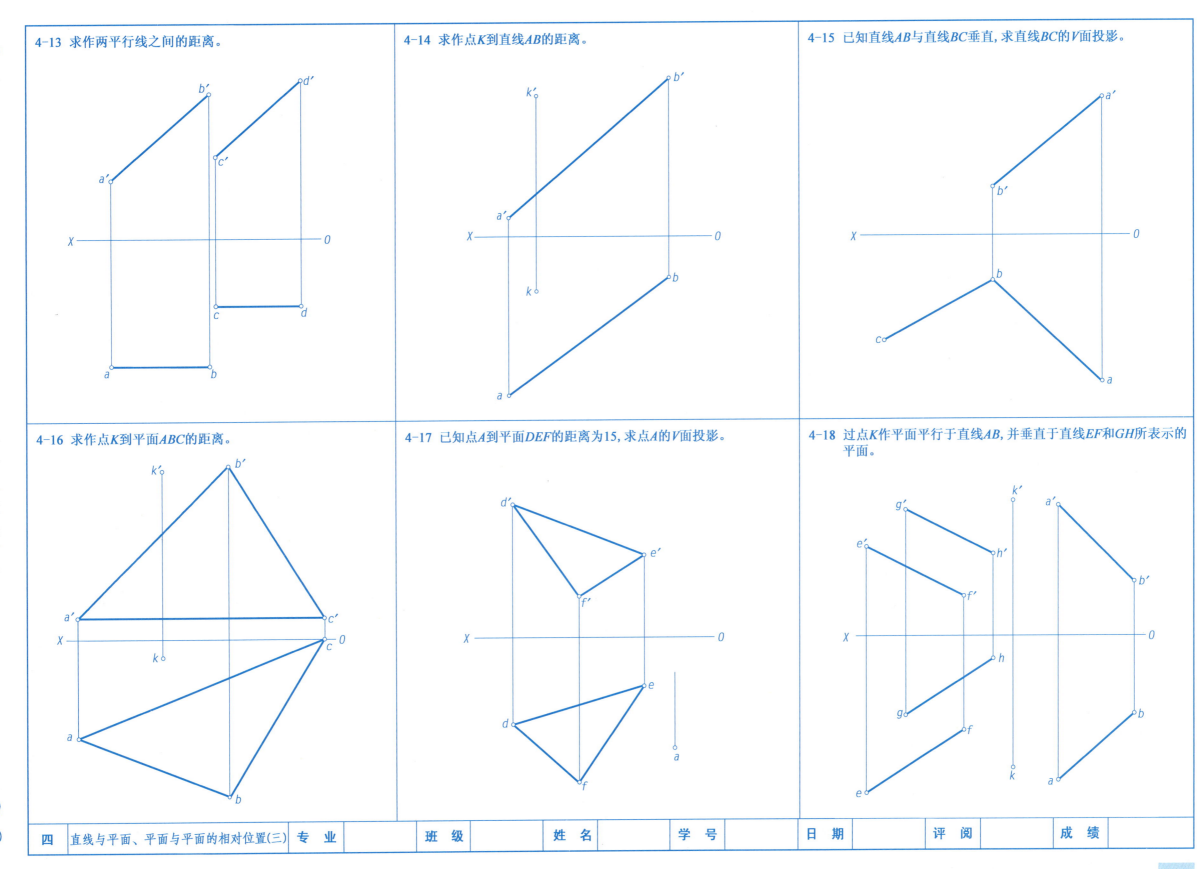

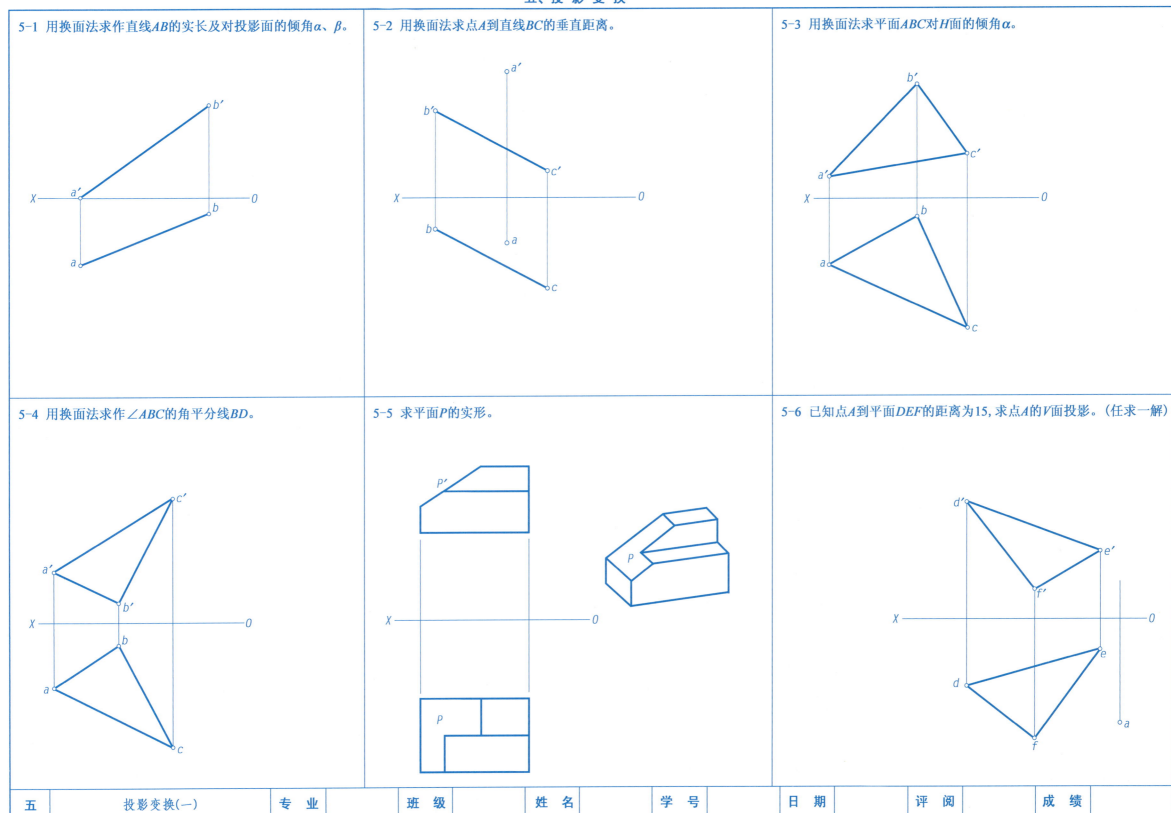

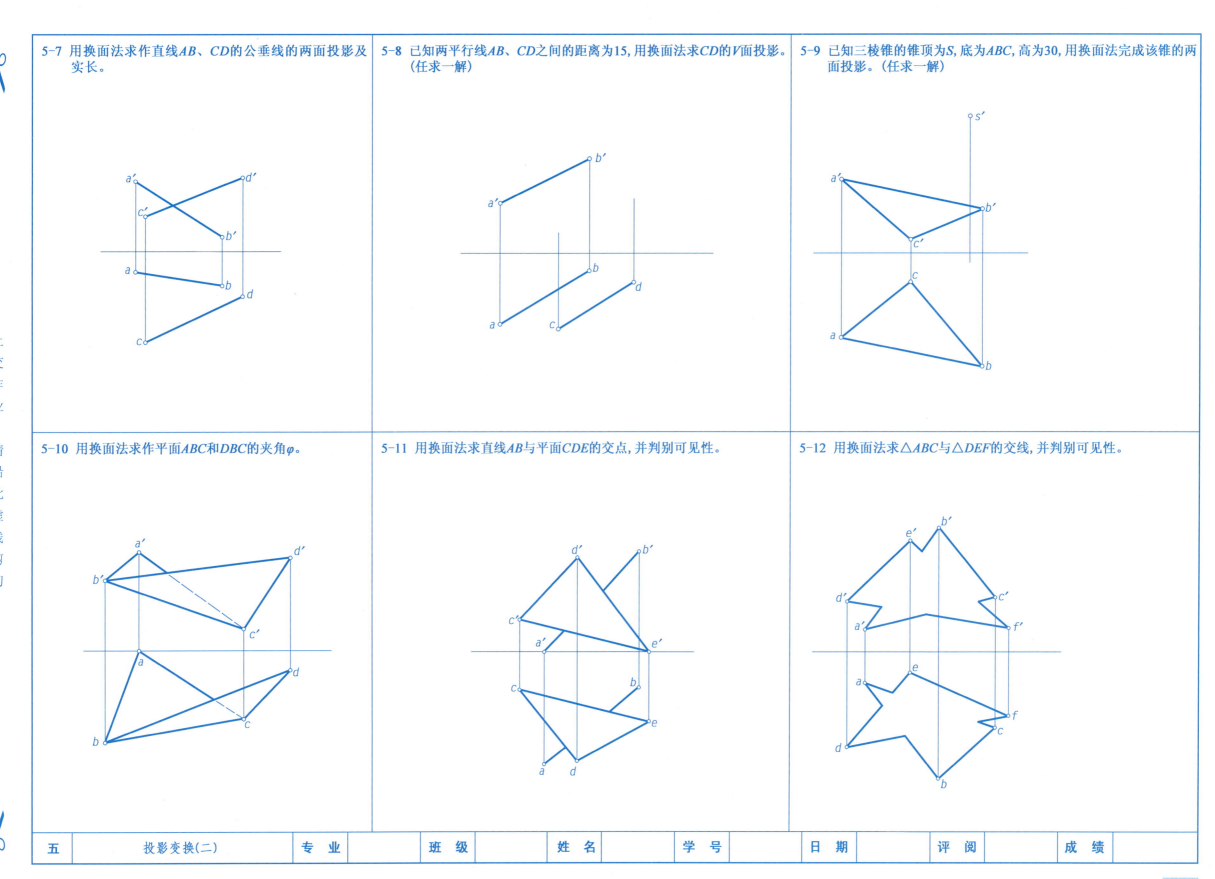

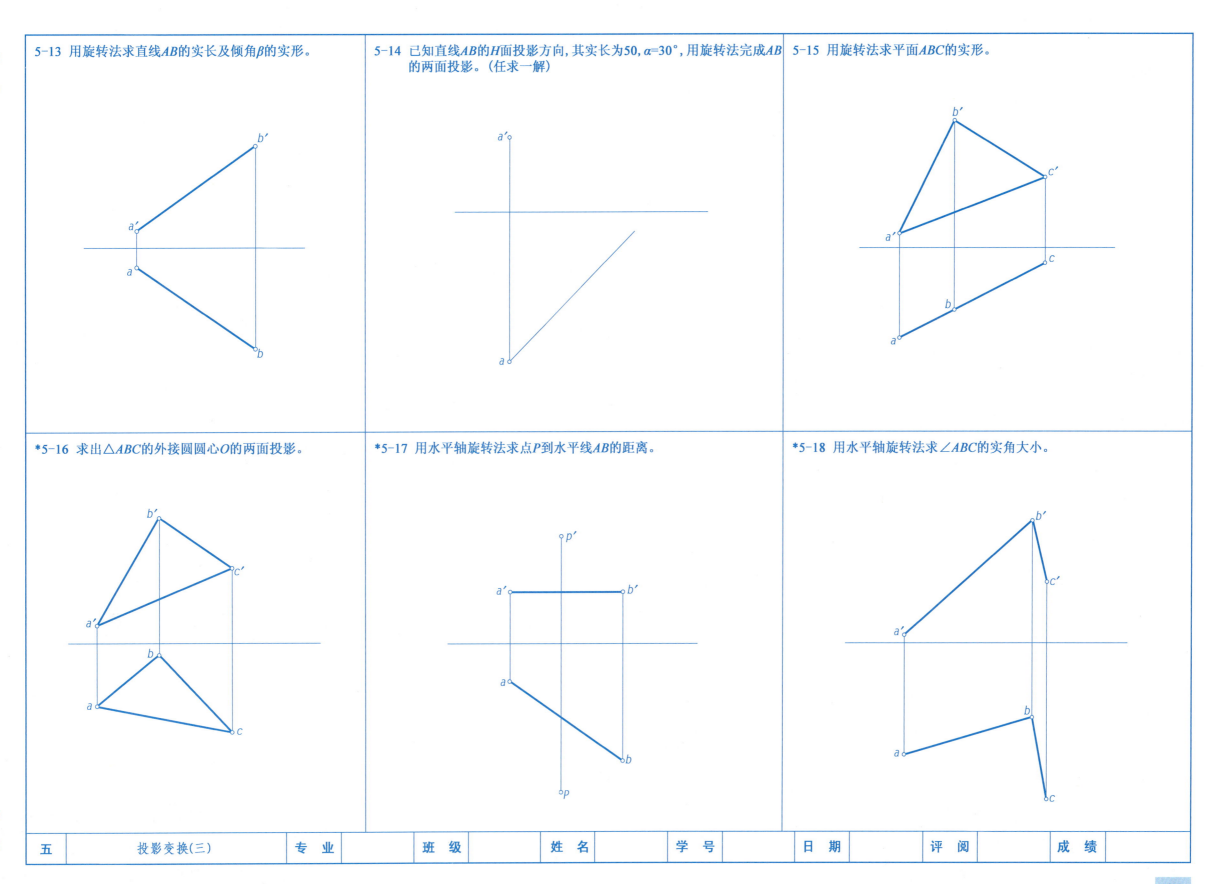

六、曲 线 曲 面

6-1 已知圆柱螺旋线的半径、导程和起点,分别求作右螺旋线和左螺旋线的正面投影。

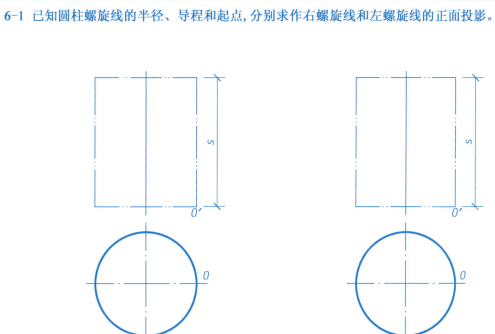

6-2 一直母线沿着曲导线k圆周并平行于直导线L运动形成曲面,求作该曲面的两面投影和曲面上A点的水平投影。

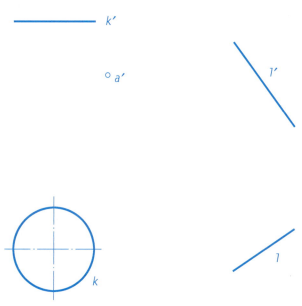

6-3 已知圆锥面上各点的一个投影,求作点的其余两个投影。

6-4 作出由圆周k绕轴O旋转成的环面的两面投影,并作出面上A点和B点的另一投影。(共有几个解?)

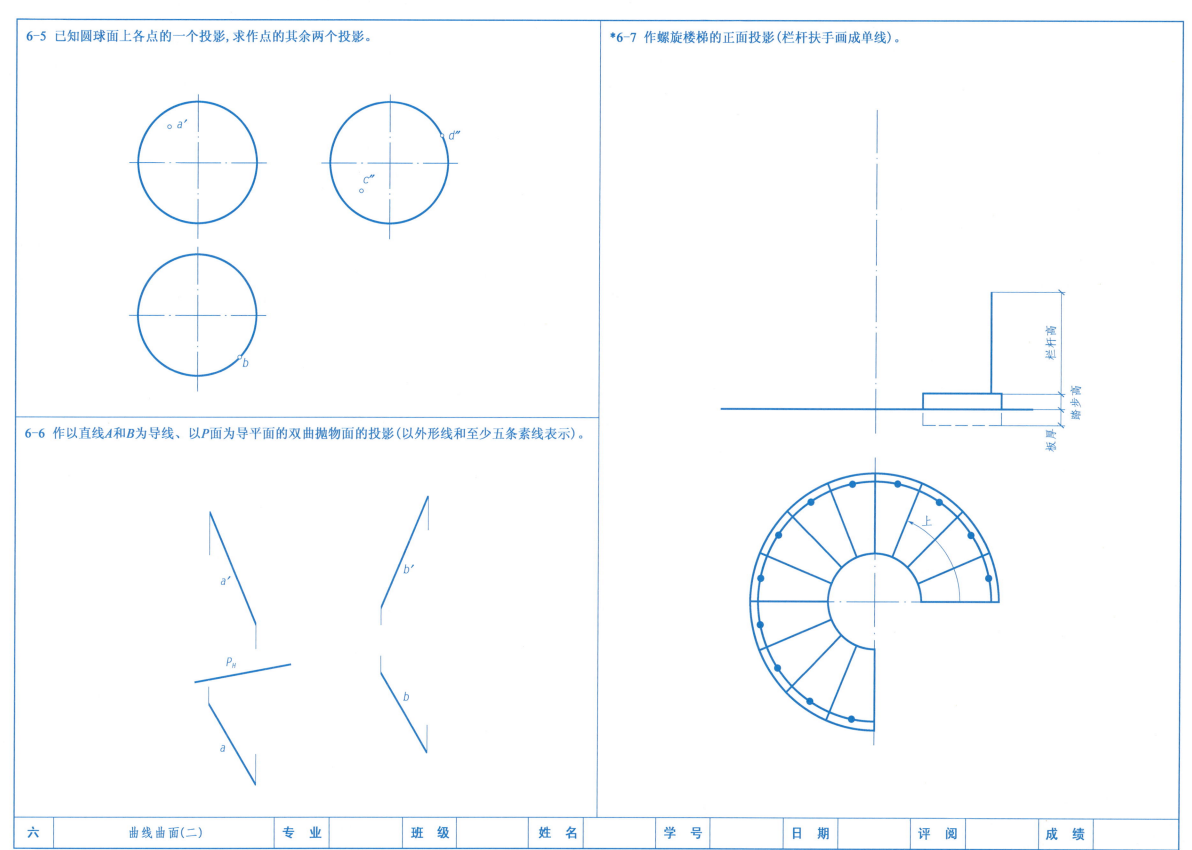

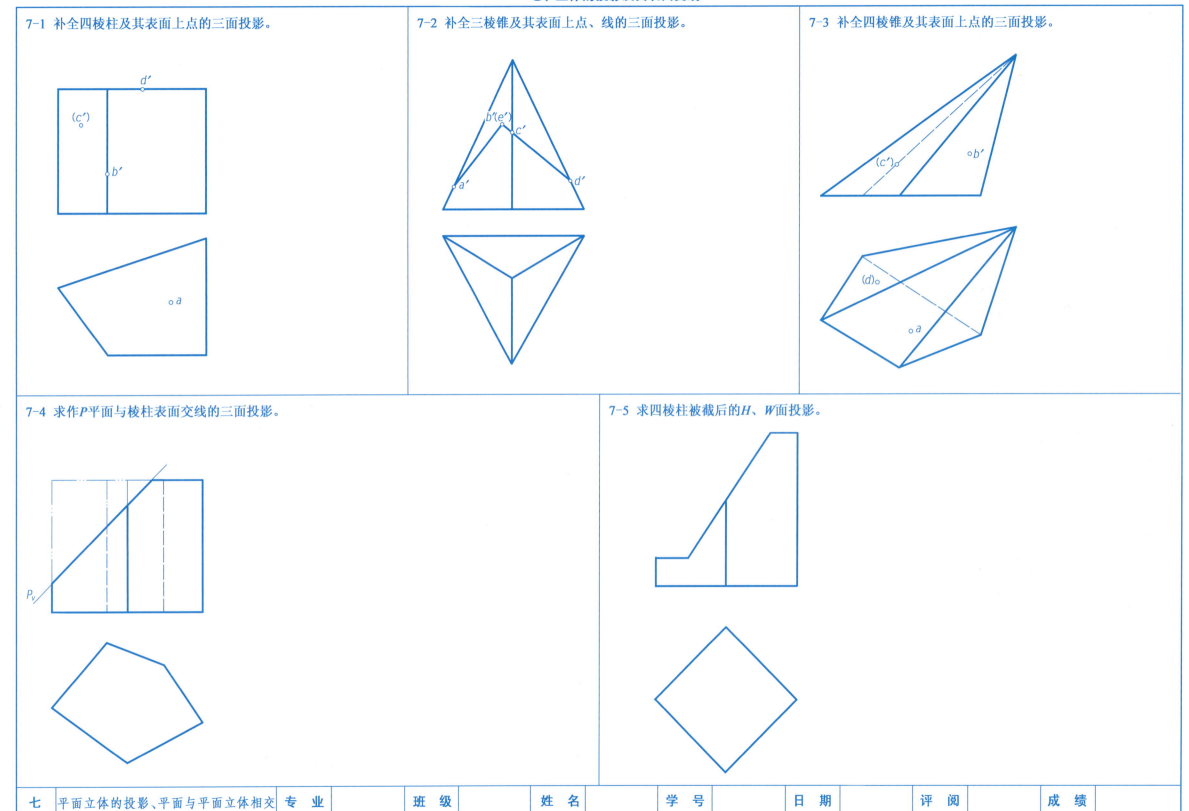

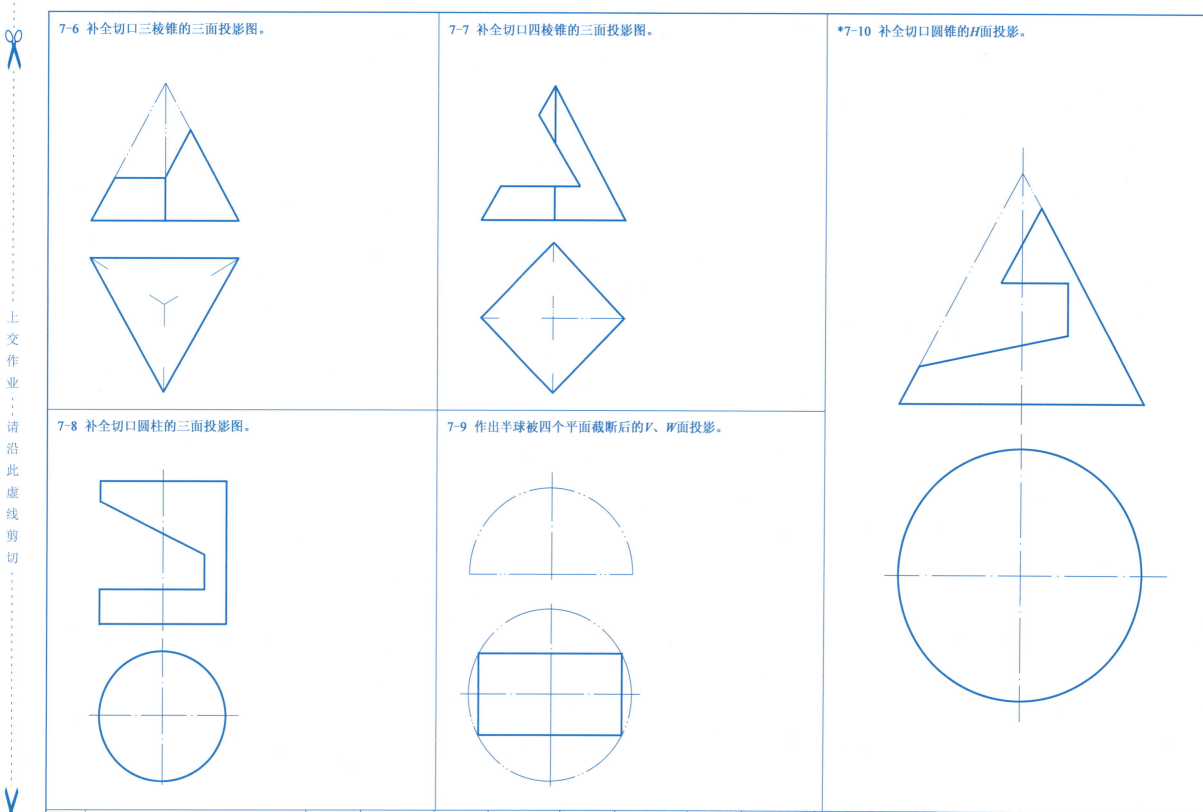

*7-11 作出直线AB、CD与立体表面的交点。

*7-12 作出直线AB与棱锥表面的交点。

*7-13 作出直线AB、CD与圆锥表面的交点。

*7-14 作出直线AB、CD与球面的交点。

*7-15 求直线AB与斜圆锥面的交点。

*7-16 求直线CD与斜圆柱面的交点。

| 七 | 直线与立体相交 | 专业 | 班级 | 姓名 | 学号 | 日期 | 评阅 | 成绩 |

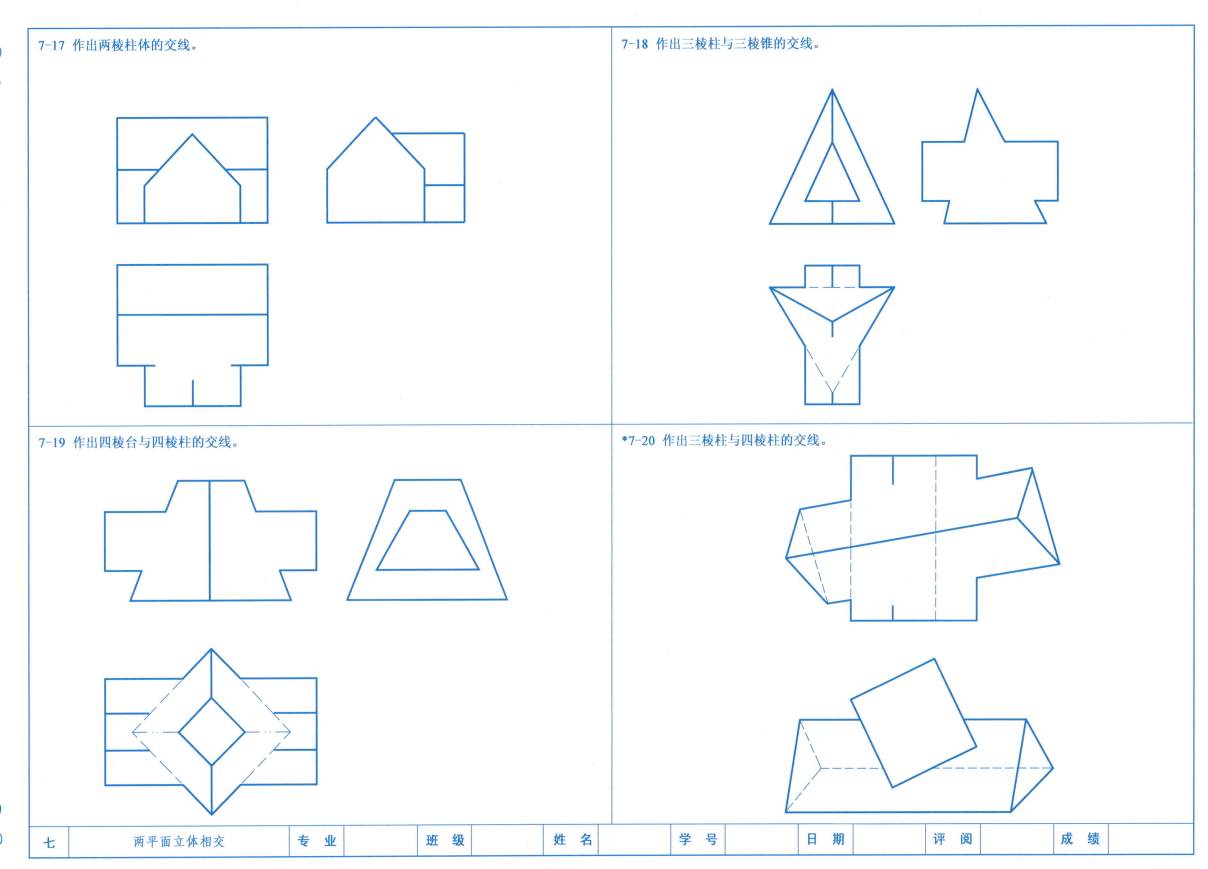

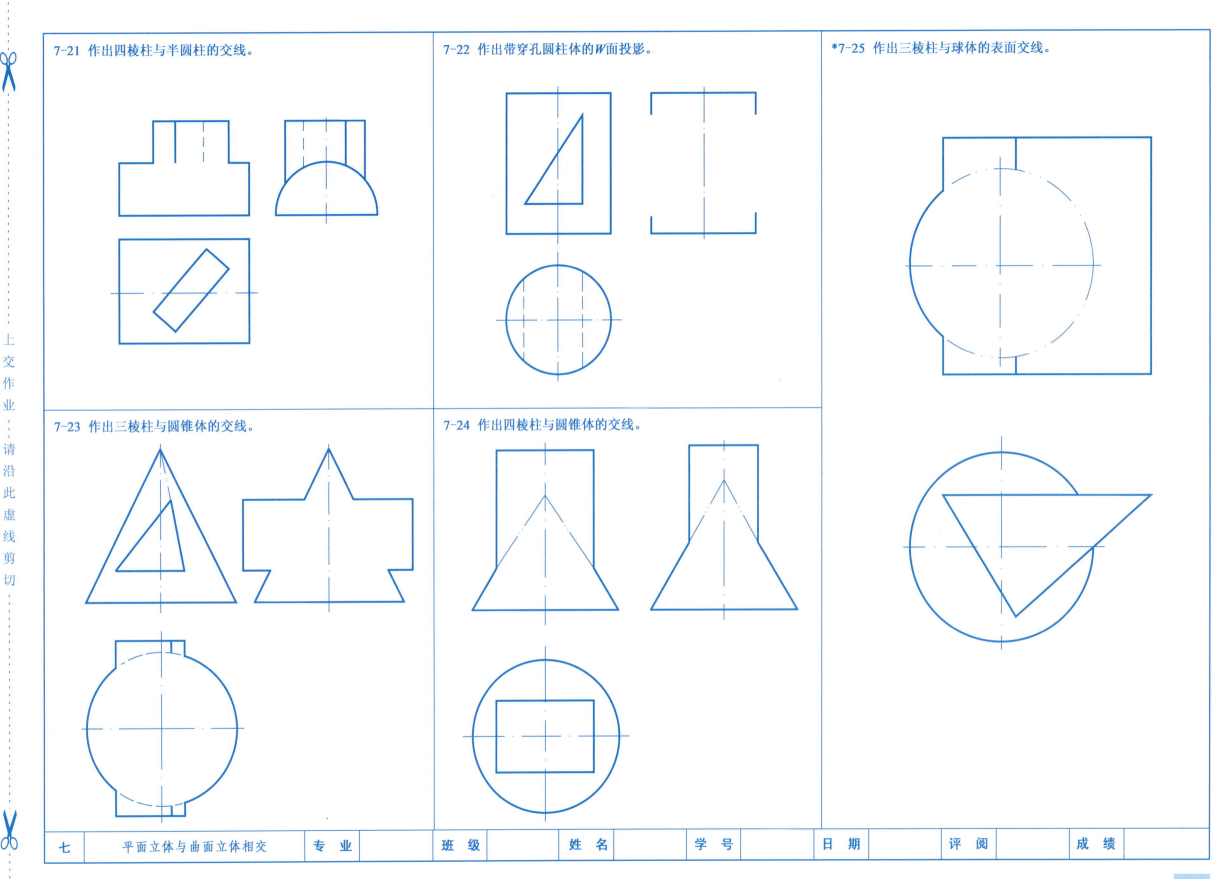

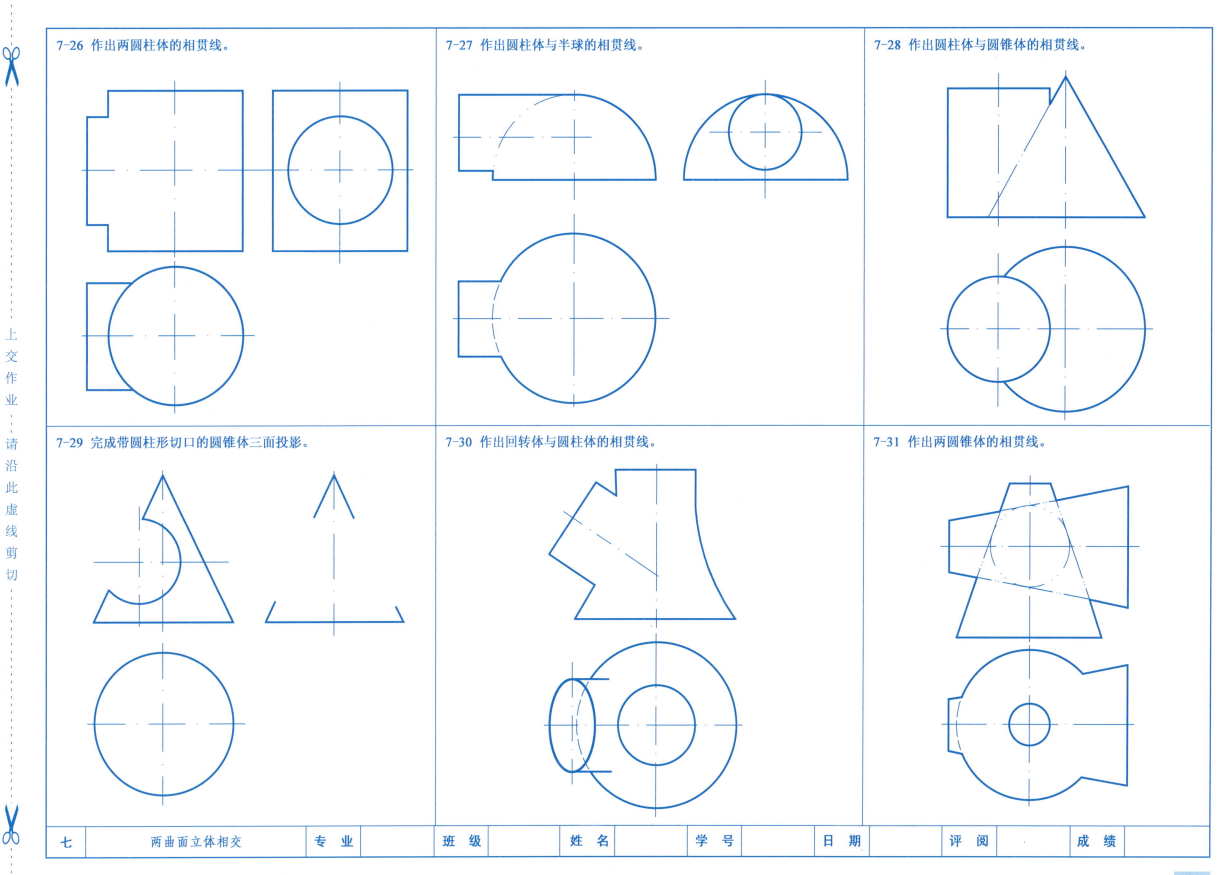

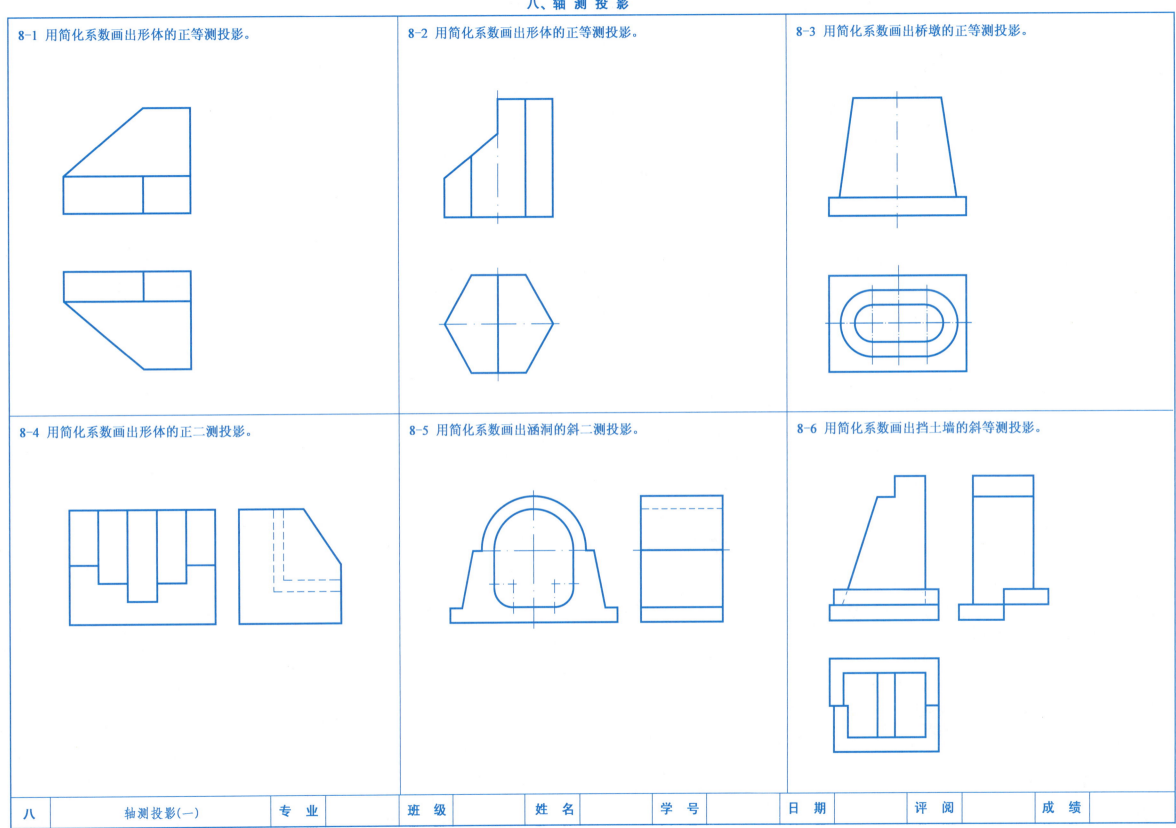

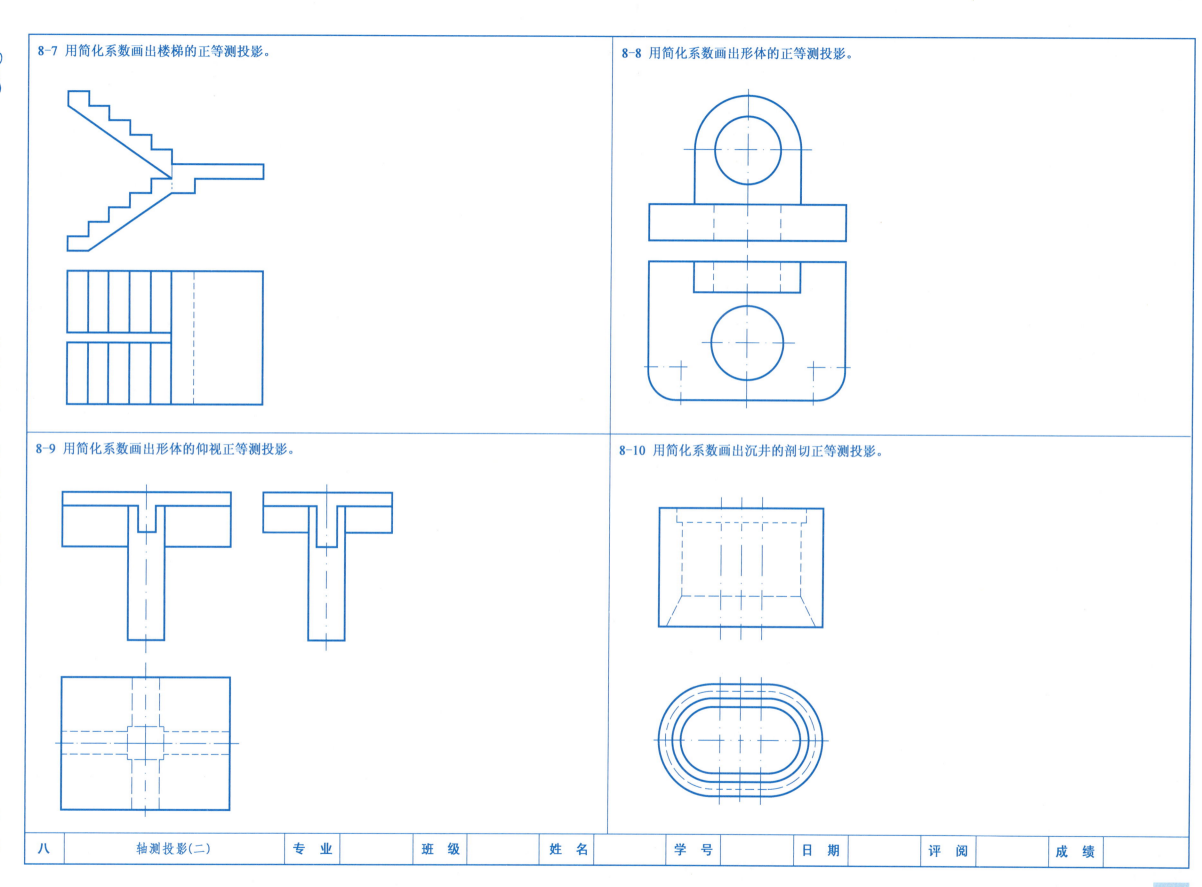

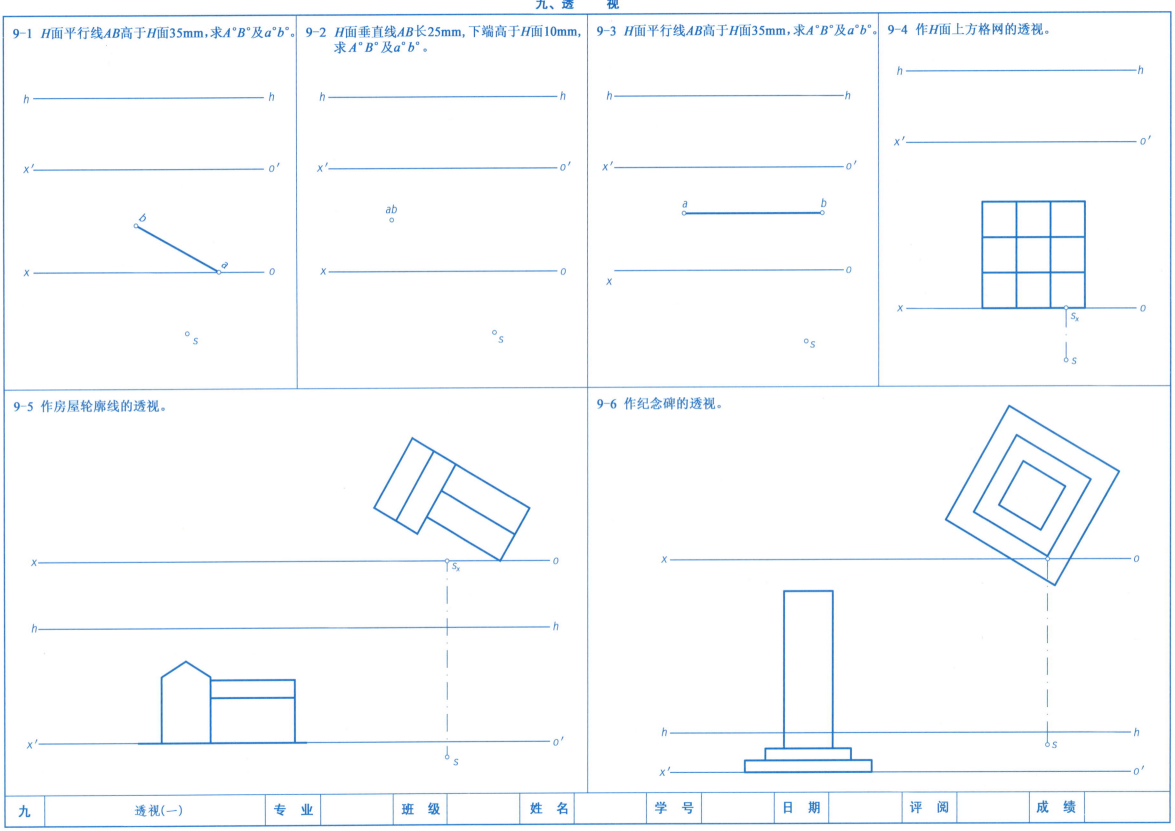

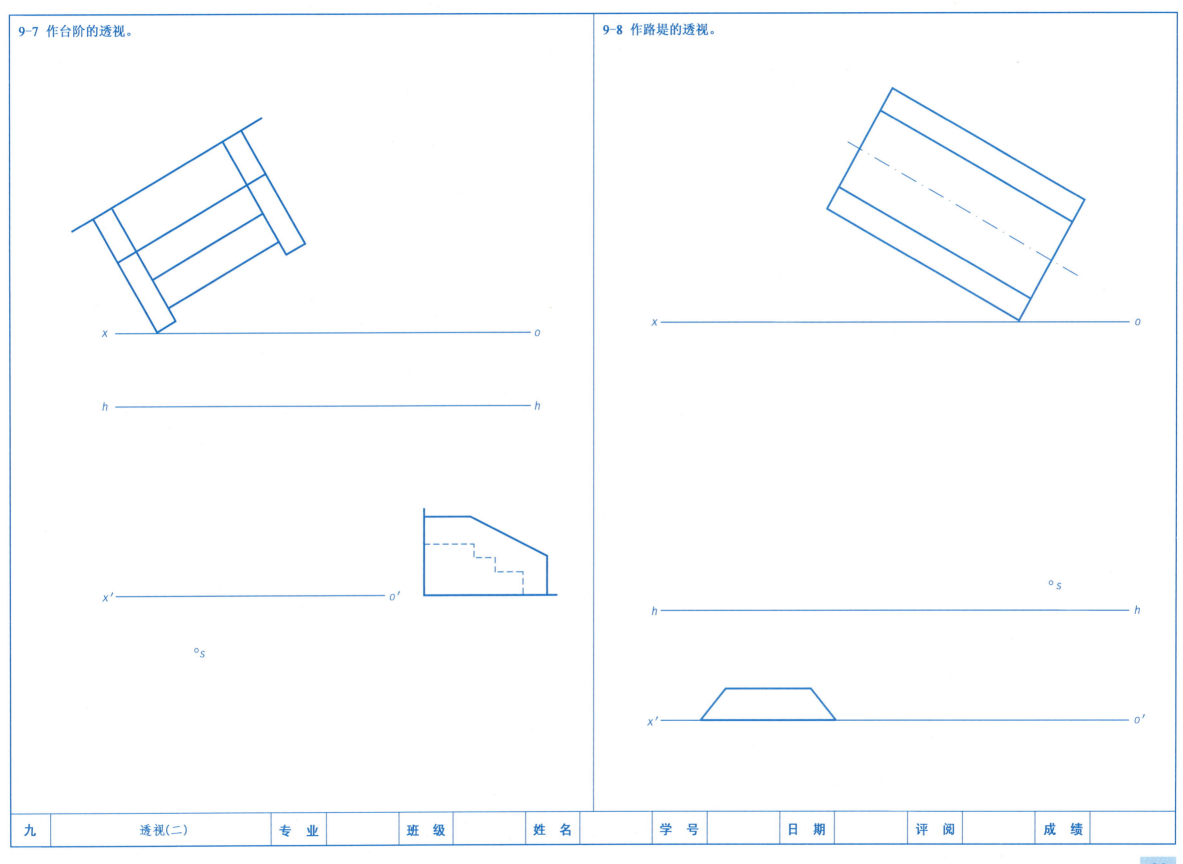

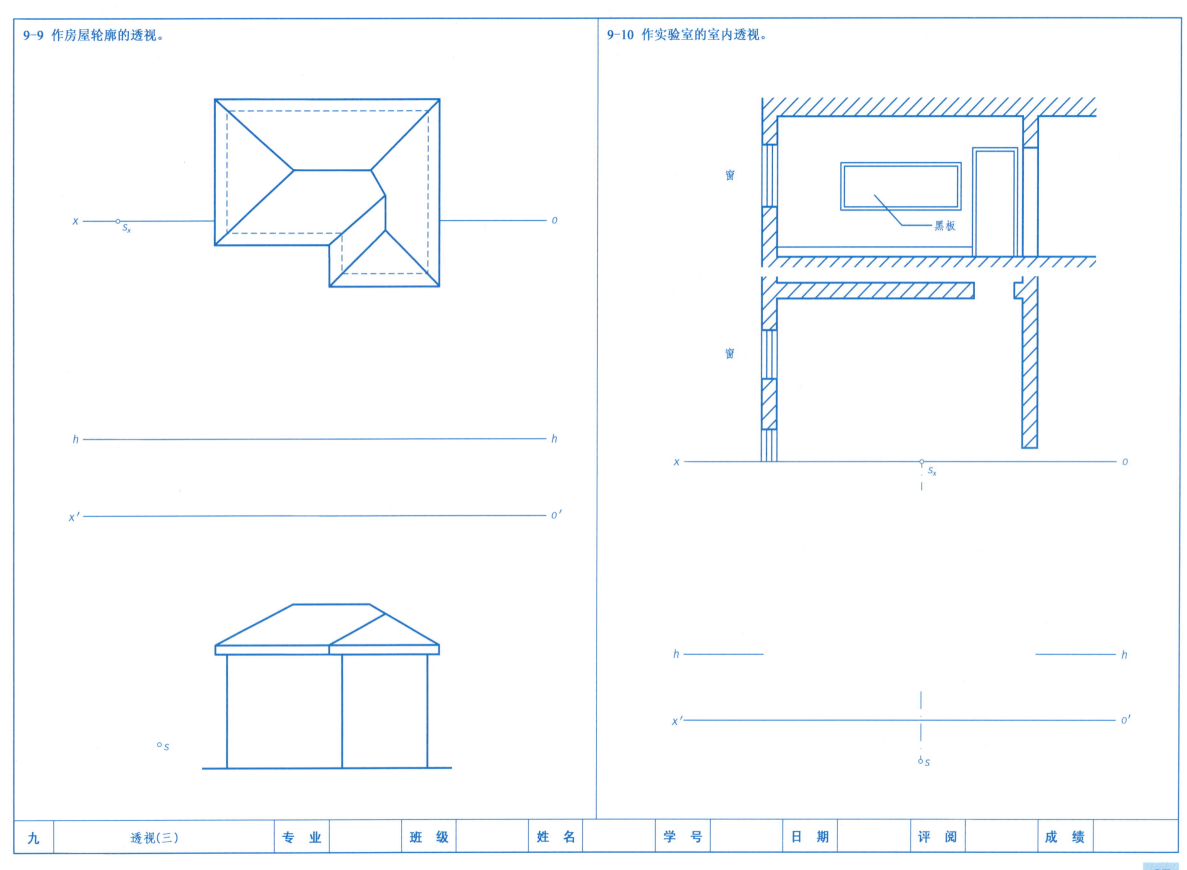

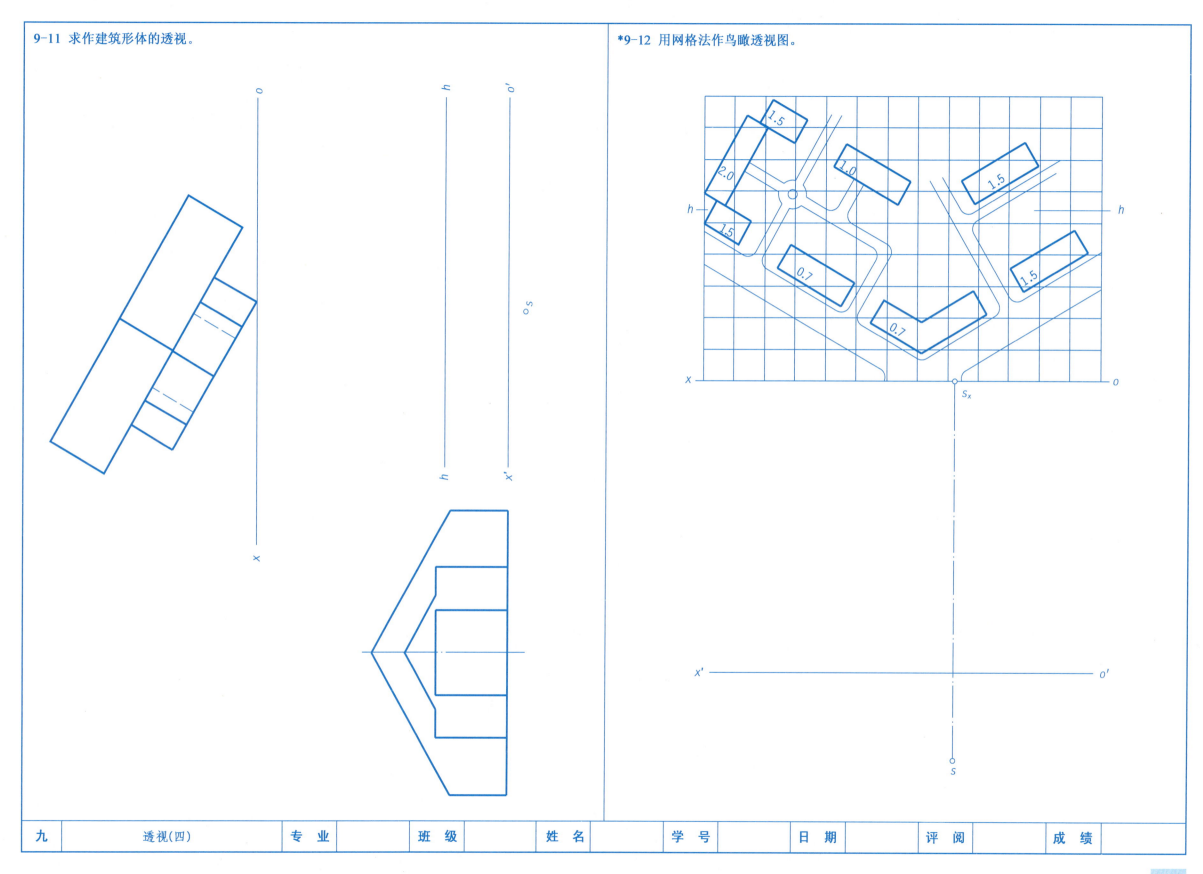

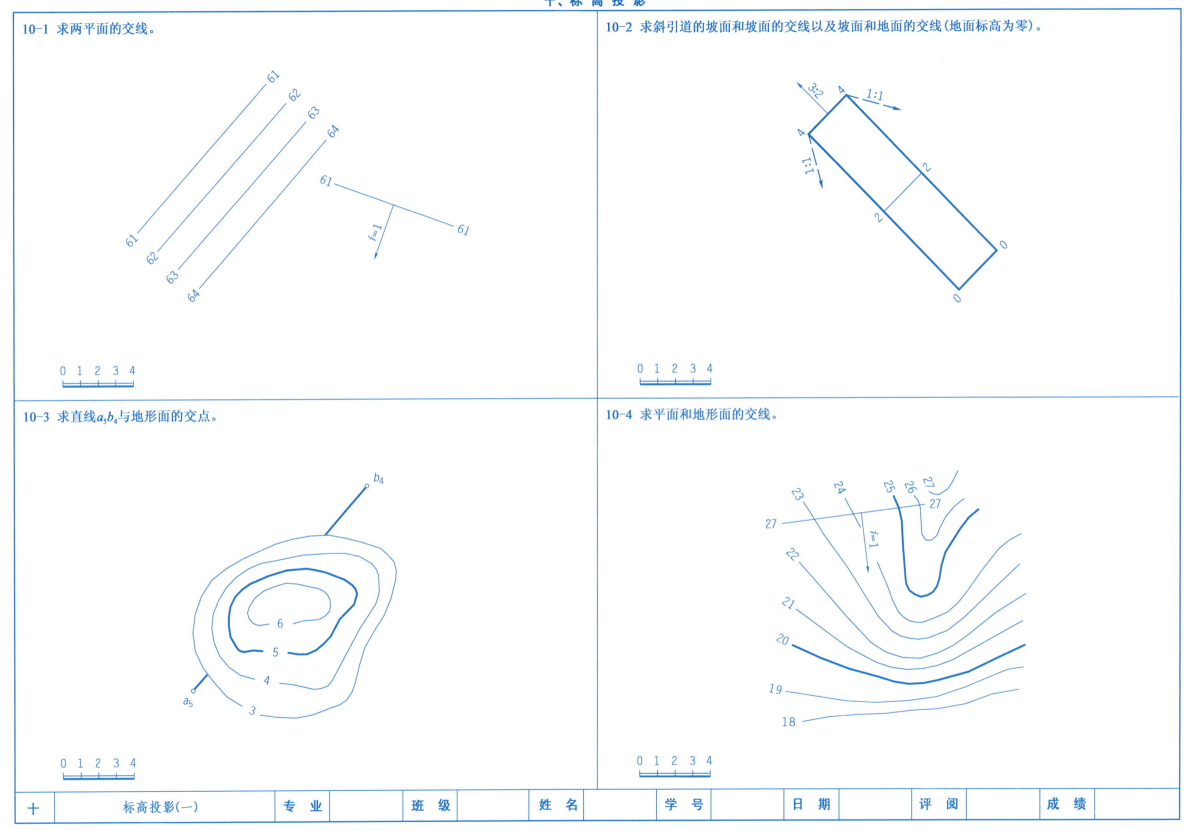

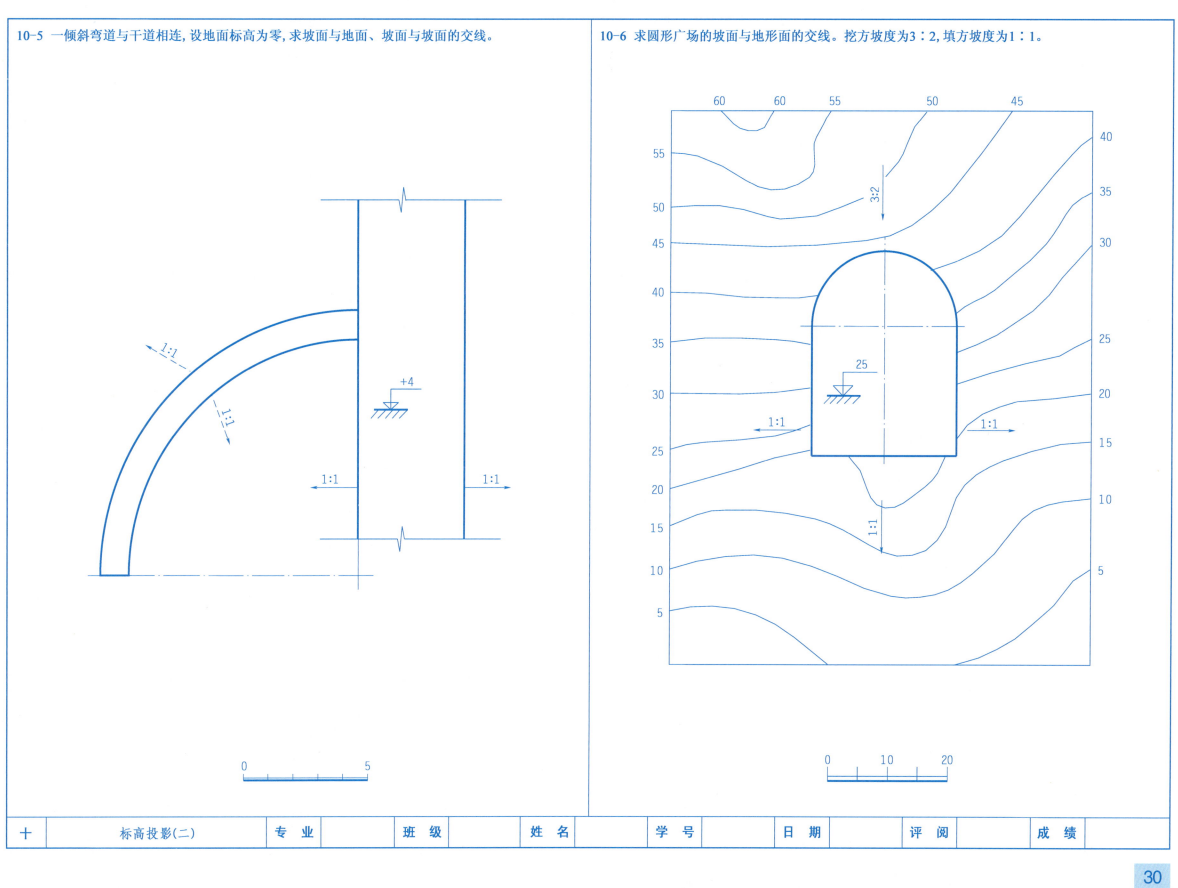

十、制 图 基 础

11-1 用尺规仪器绘制下列线条。

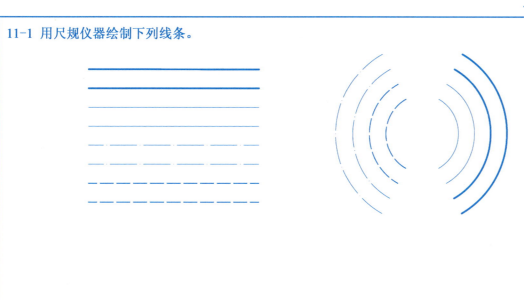

11-2 用尺规仪器绘制下列圆和椭圆图形。

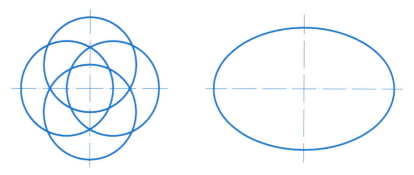

11-3 用尺规仪器绘制下列多边形及其外接圆或内切圆。

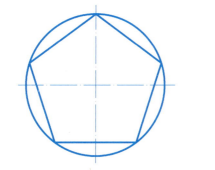
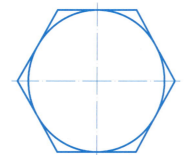

11-4 用尺规仪器绘制下列平面图形及尺寸标注。(尺寸数字直接从图中量取并圆整,可在本页背面作图)

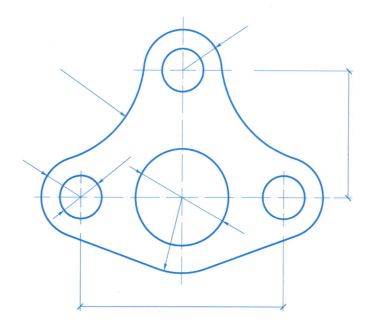

| 十一 | 制图基础(一) | 专业 | 班级 | 姓名 | 学号 | 日期 | 评阅 | 成绩 |

11-5 用尺规仪器绘制下列图形。

11-7 用尺规仪器绘制下列图形。

11-6 用尺规仪器绘制下列图形。

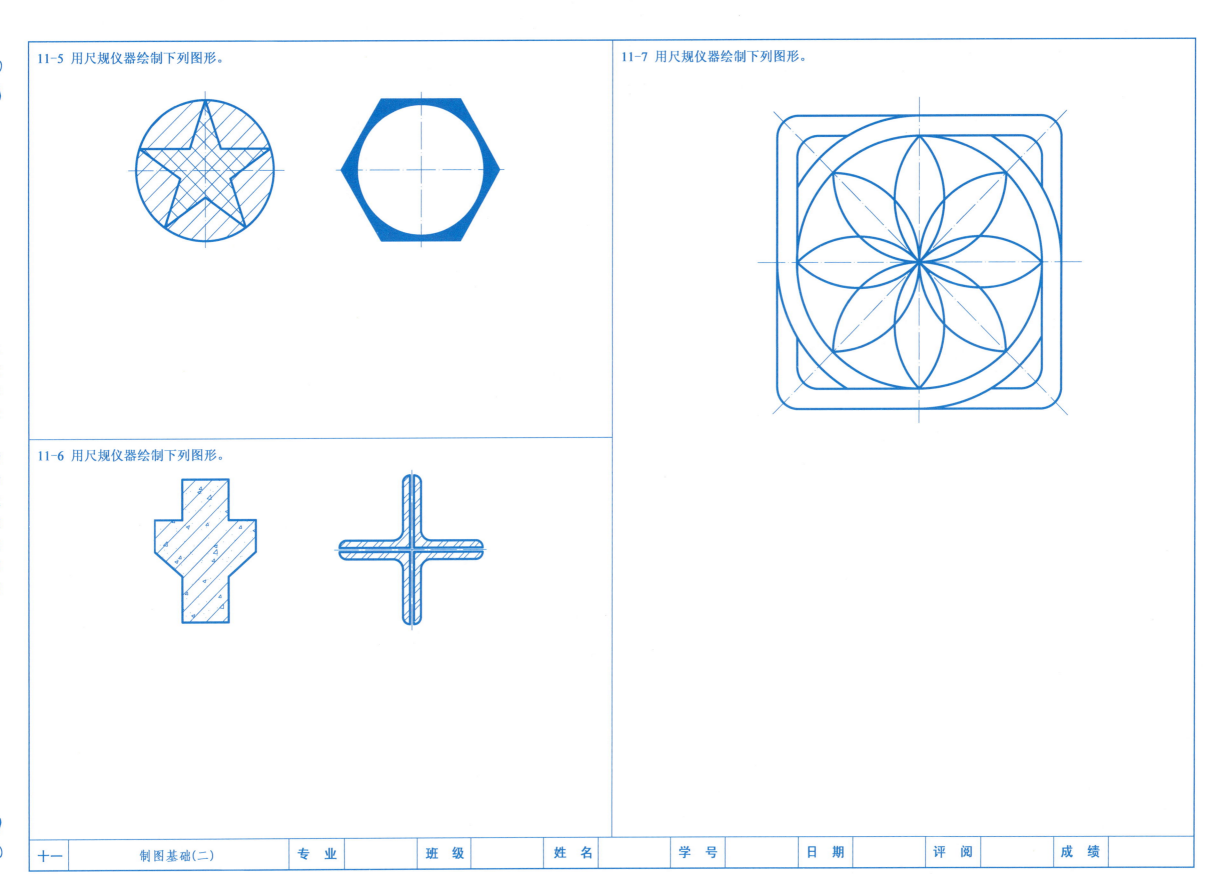

| 十一 | 制图基础(二) | 专 业 | | 班 级 | | 姓 名 | | 学 号 | | 日 期 | | 评 阅 | | 成 绩 | |

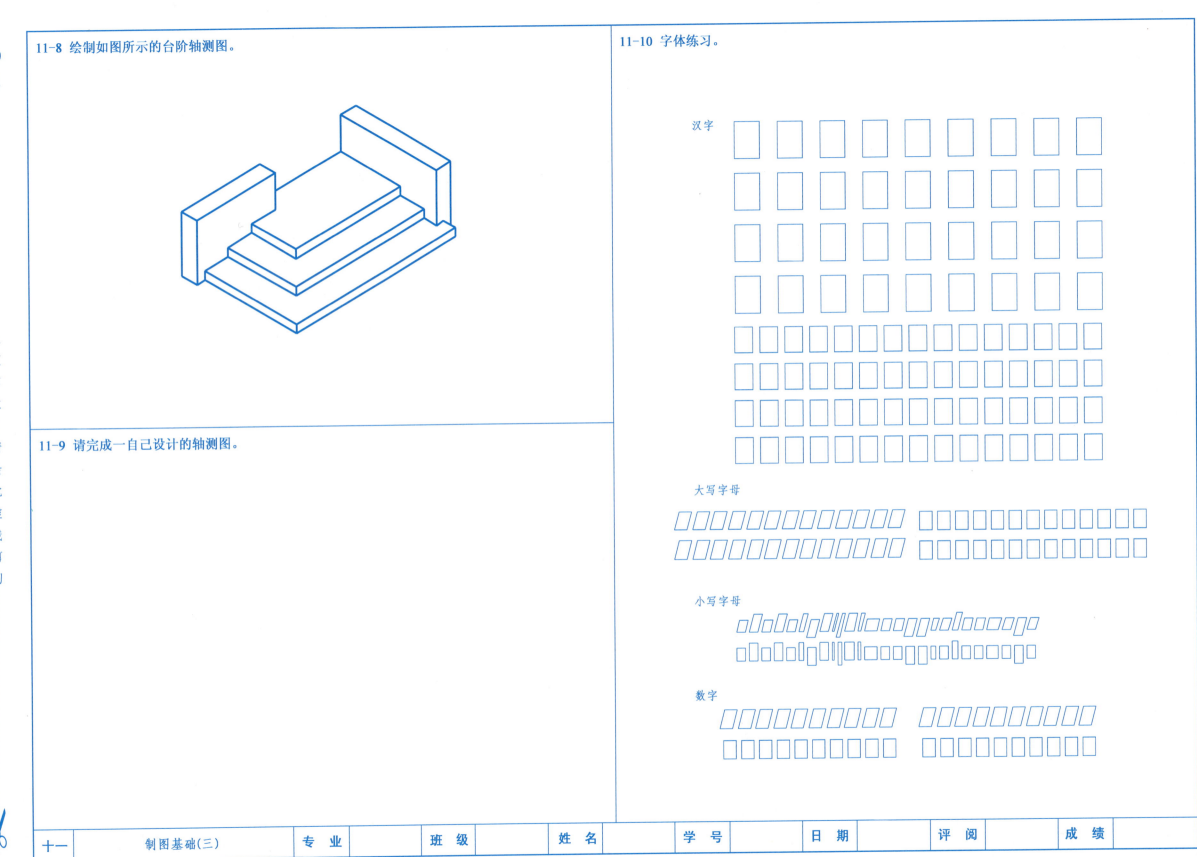

作业指导书
线型及基本图形练习

一、目的

学会使用尺规绘图仪器,掌握工具的操作技能和方法,并熟悉有关图幅、图线和字体等制图国家标准。

二、内容

抄绘右边附图,做到图形准确,布局适当,线型规范,字体工整,尺寸完整,符合标准,连接光滑,图面整洁。

三、要求

1.图纸:绘图纸和透明描图纸各一张,A3图幅。标题栏格式见教材插图11-3。

2.图名:线型及基本图形练习。图别:制图基础。

3.比例:1:10。

4.图线:从教材表11-2中选取线宽组为0.7mm(粗线)、0.35mm(中线)和0.18mm(细线)。

5.字体和符号:见教材字体示例和长仿宋体的基本笔法示例。图名汉字为7号,尺寸数字为3.5号(全国统一),其余汉字为5号。标题栏中的学校名和图名用7号字,其余用5号字,日期数字和尺寸数字用3.5号字。

四、说明

1.按A3图幅的规格和标题栏格式先画好图框和标题栏,然后根据附图画出底稿线(用H绘图铅笔),校对无误后描深(用HB或B绘图铅笔,圆规铅芯应比画直线的铅笔软一号)。完成绘铅笔图后,用针管笔在透明描图纸上画墨线图。无论是绘制铅笔图还是墨线图,除打底稿外,一般均为先画圆弧线,再画直线;在画直线时,通常是先画水平线,再画垂直线。

2.注意单点长画线、虚线和实线在相交或相接时的规范画法。

3.尺寸标注:尺寸界线、尺寸线和尺寸数字均用细线绘制,尺寸起止符号的45°斜线则用中粗实线画出。尺寸界线起点与轮廓线的间距不应小于2mm。

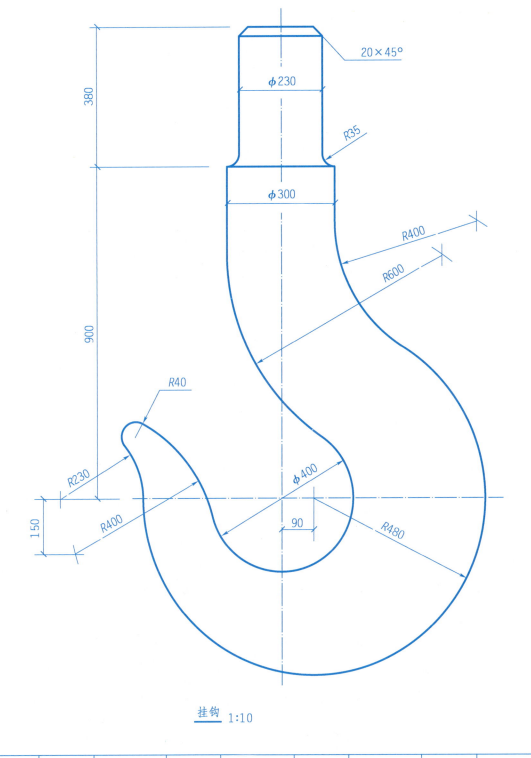

挂钩 1:10

| 十一 | 制图基础作业 | 专业 | 班级 | 姓名 | 学号 | 日期 | 评阅 | 成绩 |

十二、工程形体的表达方法

12-1 根据轴测图画出三视图,尺寸按1∶1量取。

12-2 根据轴测图画出三视图,尺寸按1∶1量取。

12-3 根据轴测图画出三视图,尺寸按1∶1量取。

12-4 根据轴测图画出三视图,尺寸按1∶1量取。

| 十二 | 工程形体的表达方法(一) | 专 业 | 班 级 | 姓 名 | 学 号 | 日 期 | 评 阅 | 成 绩 |

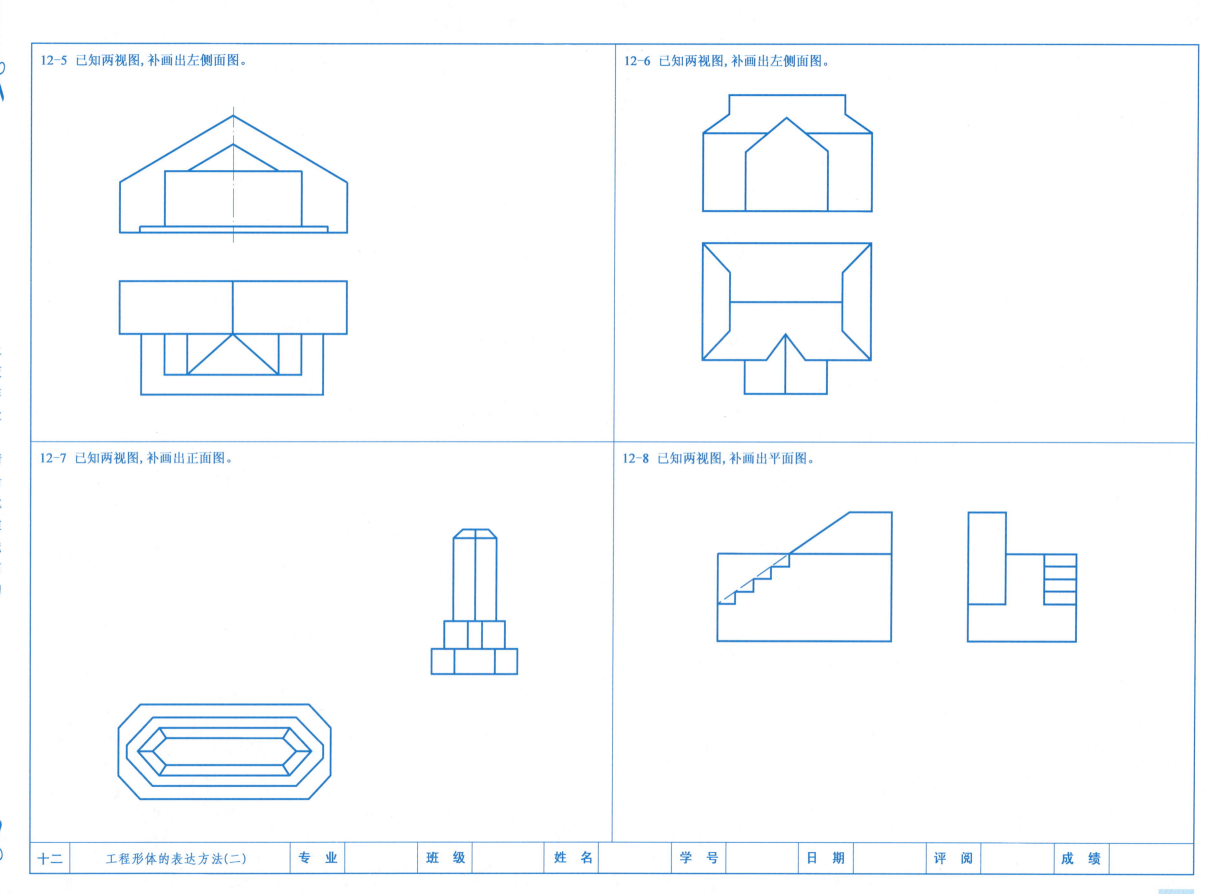

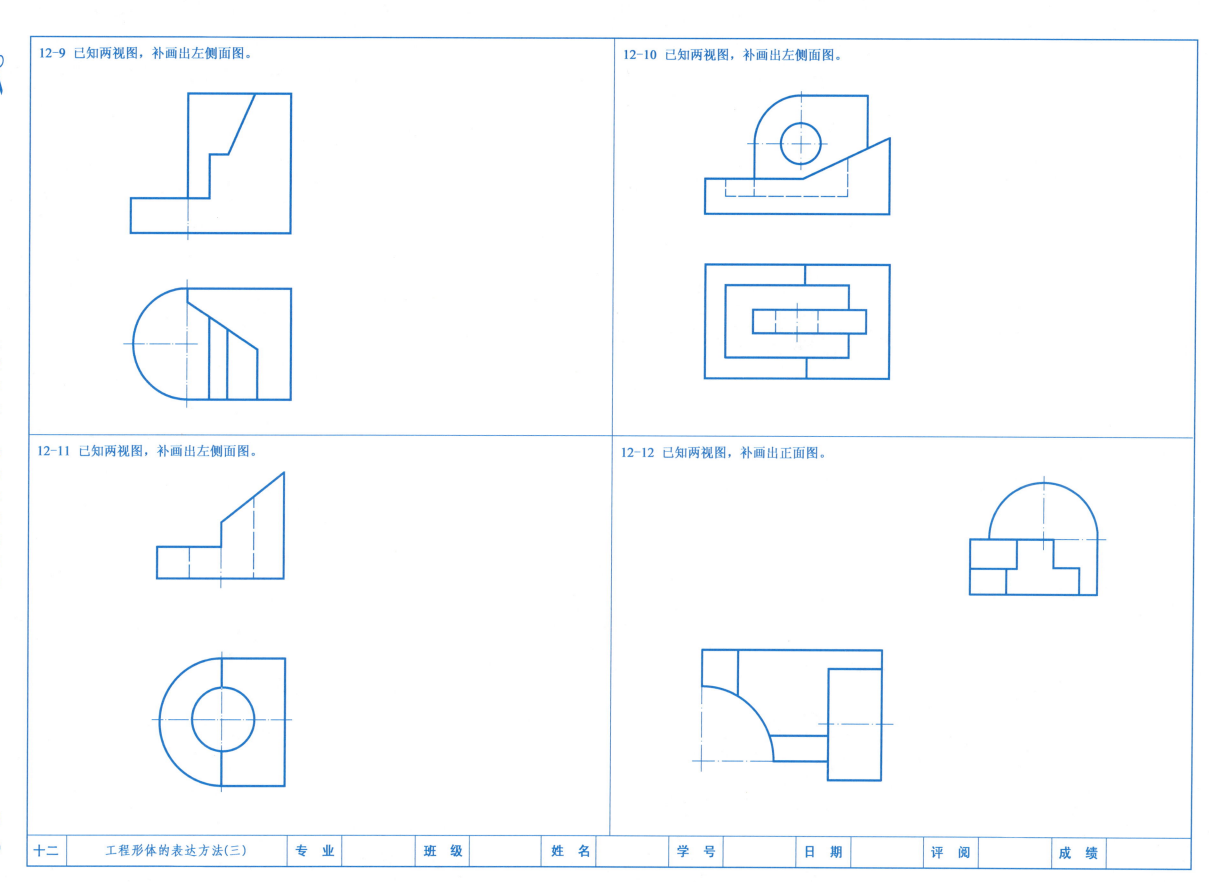

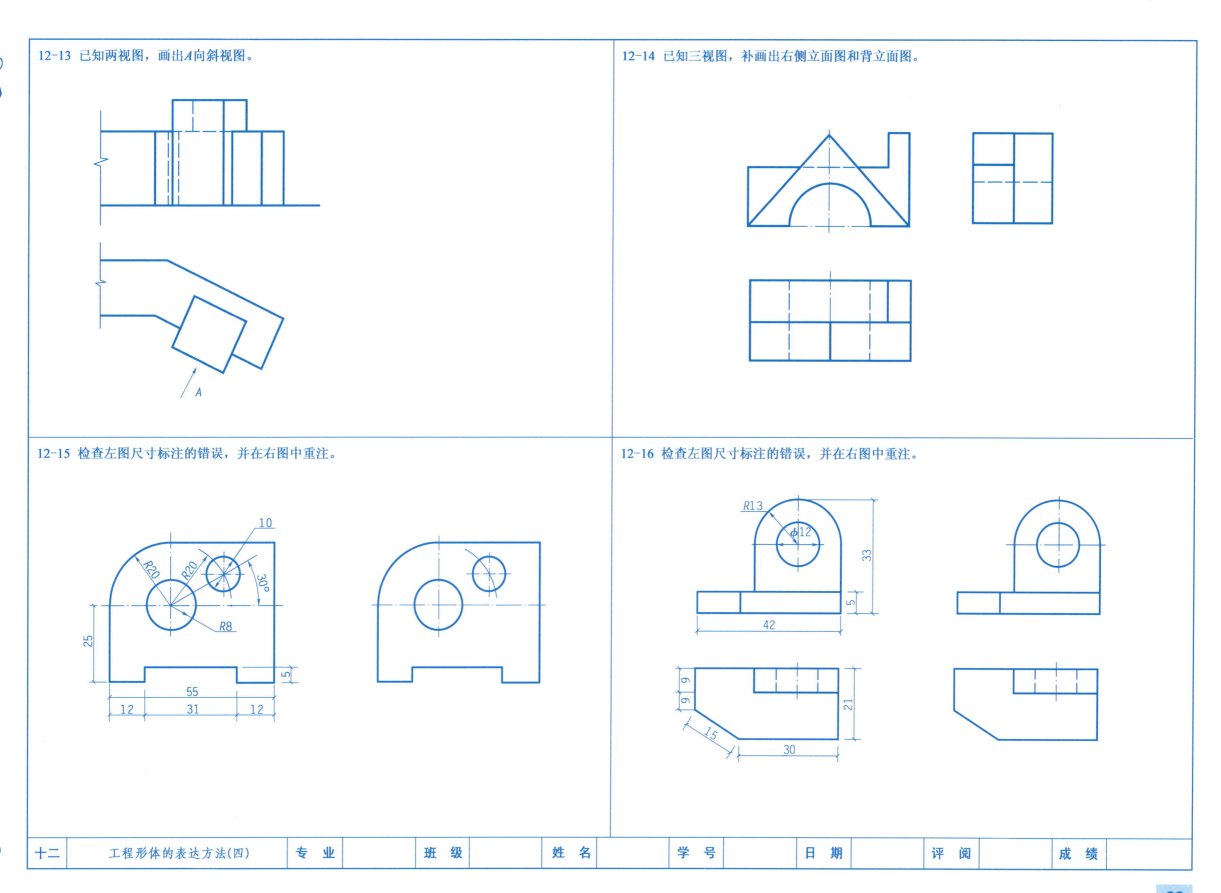

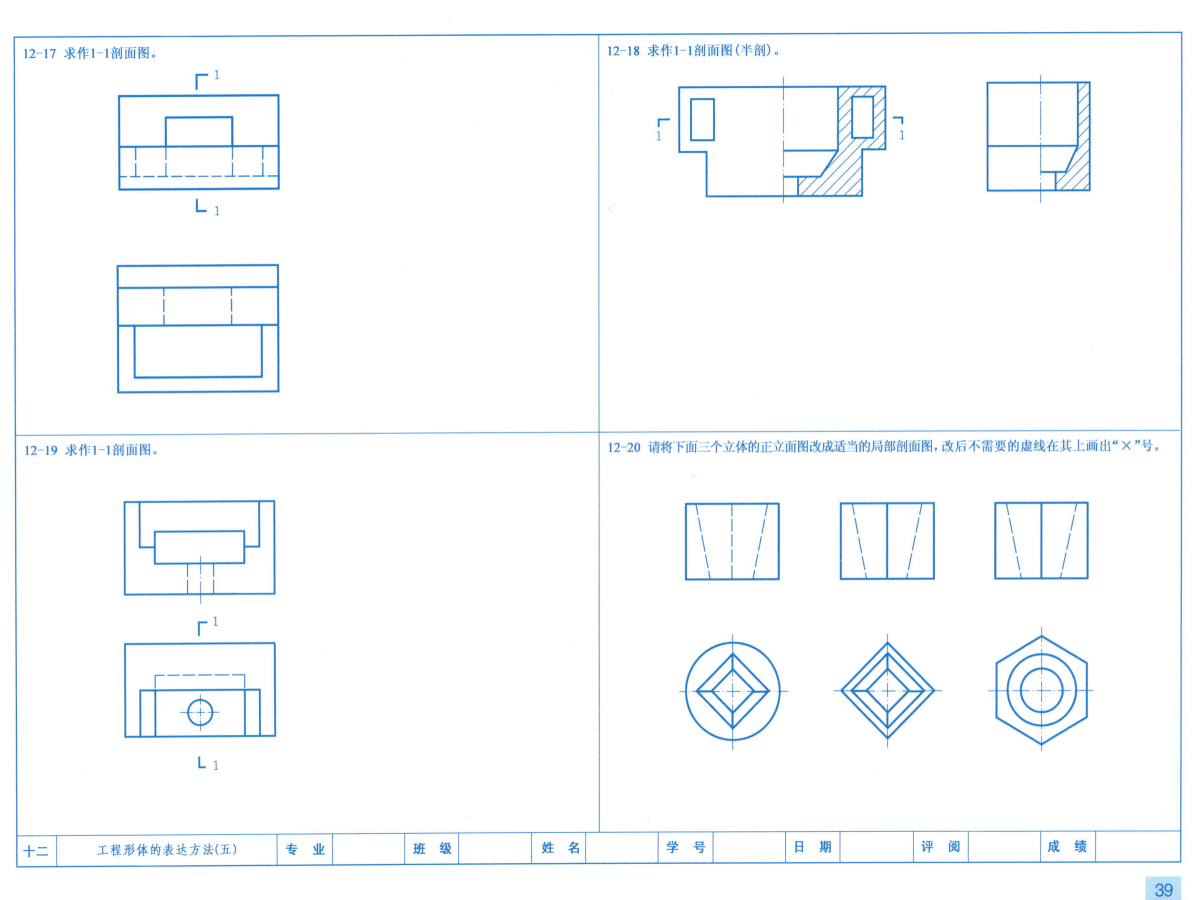

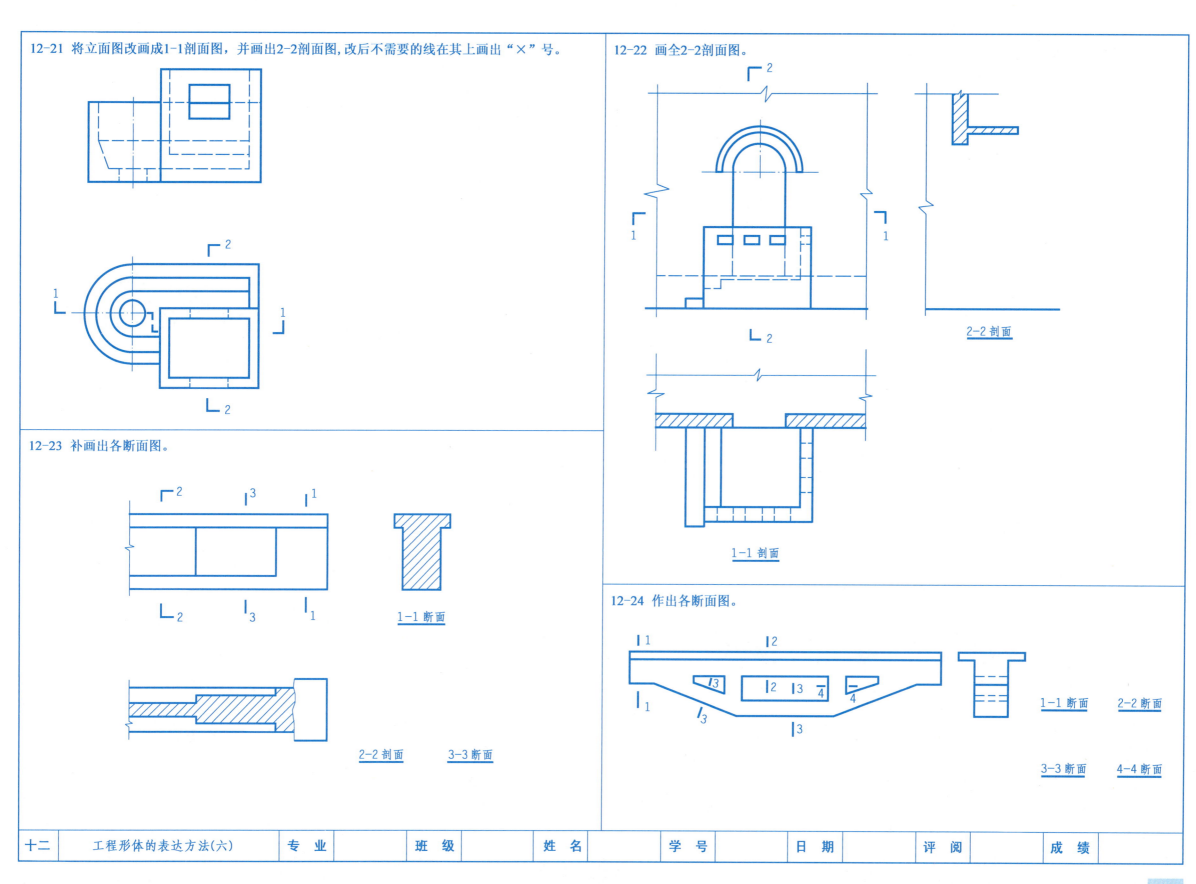

作 业 指 导 书

*钢屋架节点的三视图

一、目的

学习用视图表达工程形体的绘图方法和尺寸标注方法。

二、内容

根据右侧附图中钢屋架节点的轴测图及其尺寸,画出钢屋架节点的三视图和轴测图(轴测图类型自定),并在三视图中标注尺寸。

三、要求

1.图纸：绘图纸,A3图幅。标题栏格式见教材插图11-3。

2.图名：钢屋架节点的三视图。图别：工程形体的表达方法。

3.比例：1∶5。

4.图线：铅笔图。可见轮廓线用粗线(约0.7mm),虚线和尺寸起止符号用中粗线(约0.35mm),中心线和尺寸线等用细线(约0.18mm)。

5.字体：汉字用长仿宋体。标题栏中的学校名和图名用7号字,其余用5号字,日期用3.5号字。三视图中的尺寸数字一律用3.5号字。

四、说明

1.按A3图幅的规格和标题栏格式先画好图框和标题栏,然后根据附图画出底稿线,校对无误后描深。

2.建议图纸排列如下面示意图。

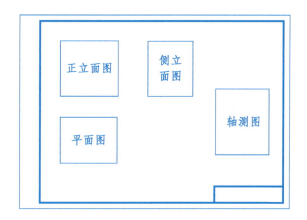

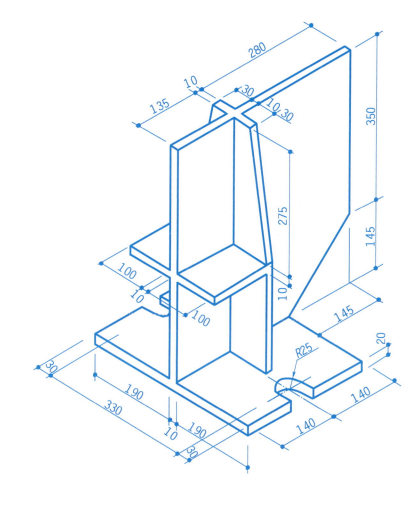

钢屋架支座节点

| 十二 | 工程形体的表达方法阶段作业(一) | 专　业 | 班　级 | 姓　名 | 学　号 | 日　期 | 评　阅 | 成　绩 |

作 业 指 导 书
沉井的剖面图

一、目的

学习使用剖面图来表达工程形体的图示方法。

二、内容

根据右侧沉井的附图,把正立面图画成半剖面图,左侧面图画成1—1剖面图(阶梯剖面图)并标注尺寸,画出轴测图。

三、要求

1.图纸:绘图纸,A3图幅。标题栏格式见教材插图11-3。

2.图名:沉井。图别:工程形体的表达方法。

3.比例:1:50。

4.图线:铅笔图。可见轮廓线用粗线(约0.7mm),虚线用中线(约0.35mm),点画线、图例线和尺寸线等用细线(约0.18mm)。

5.字体:汉字用长仿宋体。图名汉字为7号,尺寸数字为3.5号(全图统一),其余汉字为5号。标题栏中的学校名和图名用7号字,其余用5号字,日期数字和尺寸数字用3.5号字。

四、说明

1.按A3图幅的规格和标题栏格式先画好图框和标题栏,然后根据附图画出底稿线,校对无误后描深。

2.沉井的材料为钢筋混凝土。

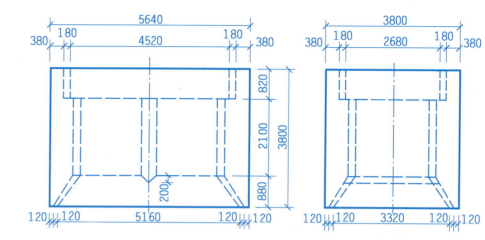

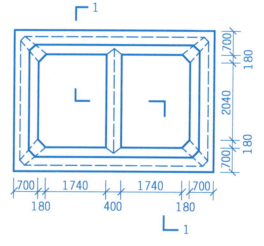

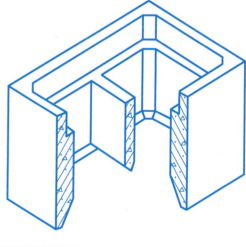

| 十二 | 工程形体的表达方法阶段作业(二) | 专业 | 班级 | 姓名 | 学号 | 日期 | 评阅 | 成绩 |

42

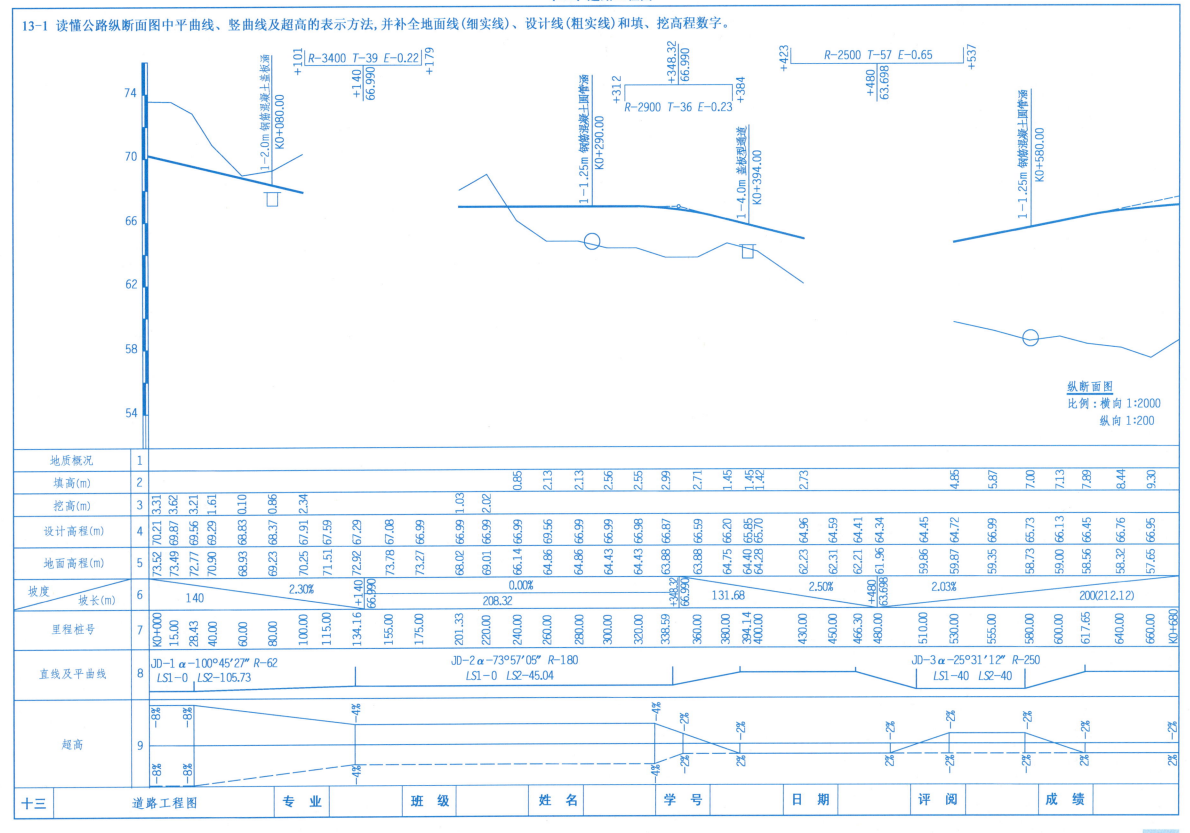

十四、桥梁工程图

14-1 用A4图幅透明描图纸，描绘××桥桥位平面图。

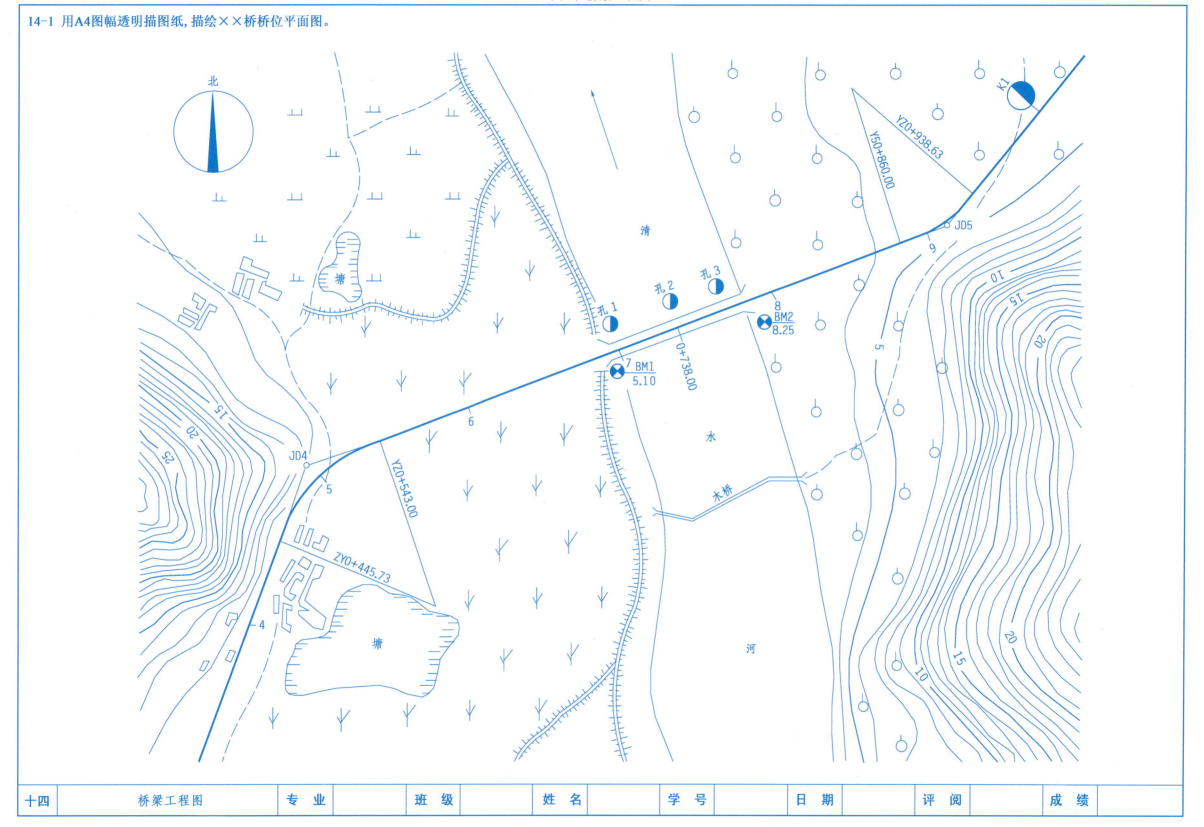

| 十四 | 桥梁工程图 | 专 业 | 班 级 | 姓 名 | 学 号 | 日 期 | 评 阅 | 成 绩 |

作 业 指 导 书
桥梁总体布置图

一、目的

1. 熟悉桥梁布置图的内容和绘制要求。
2. 掌握绘制桥梁布置图的方法和步骤。

二、内容

抄绘《道路工程制图》教材第十四章图 14-13××桥总体布置图。

三、要求

1. 图纸：绘图纸，A2图幅。标题栏格式和以前作业相同。
2. 图名：桥梁总体布置图。图别：专业制图。
3. 比例：平面图和立面图：1∶250；横剖面图(1-1，2-2剖面)：1∶100。
4. 图线：铅笔绘制。河床线采用0.25~0.35mm，主要可见轮廓线采用0.5~0.7mm，次要可见轮廓线采用0.25~0.35mm，不可见轮廓线采用0.25~0.35mm虚线，栏杆、支座、尺寸线等采用0.1~0.2mm。
5. 字体和符号：

图名汉字为7号，剖面图编号数字和比例数字为5号，尺寸数字为3.5号(全国统一)，其余汉字为5号。图纸标题栏中的学校名和图名用7号字，其余汉字用5号字，日期用3.5号字。

立面图中桥墩编号直径采用6mm，数字采用3.5号；标高符号为45°等腰直角三角形，高2.5mm。按照《道路工程制图标准》的要求，尺寸线和尺寸界线采用细实线(0.1~0.2mm)，尺寸起止符采用单边箭头，箭头在尺寸界线的右边时，应标注在尺寸线之上；反之，应标注在尺寸线之下。在连续表示的小尺寸中，也可在尺寸界线同一水平位置用黑圆点表示尺寸起止符。《道路工程制图标准》也允许尺寸起止符用斜短线表示。

四、说明

1. 按A2图幅的规格，用H铅笔先画图框、图标的底稿线，然后按照图样比例所占的位置大小来布图，要考虑标注尺寸和文字说明的位置。

2. 其他：

(1) 栏杆扶手在立面图、平面图中由于比例小不易画清楚，可省去不画。

(2) 桥台。两侧桥台尺寸可参阅教材中图14-14U形桥台。

(3) 桥墩。图中三个桥墩包括立柱和基础的尺寸可参阅教材中图14-15中1、2、3号桥墩一般构造图、图14-16中1、2、3号桥墩盖梁钢筋布置图、图14-17桥墩、桩基钢筋布置图，桥墩平面图可参阅本页附图1。

(4) T形梁。T形梁及横隔板等画法和尺寸可参阅教材中图14-18主梁一般构造图及本页附图2。

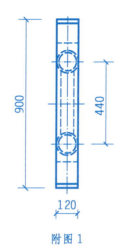

附图1

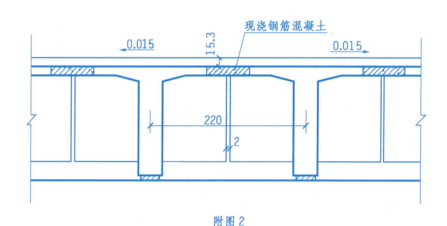

附图2

作 业 指 导 书

钢筋混凝土结构图

一、目的

了解钢筋混凝土结构图的内容和要求，掌握结构图的绘图步骤和方法。

二、内容

分题一：抄绘《道路工程制图》教材中图14-10钢筋混凝土梁结构图及表14-4钢筋混凝土梁钢筋数量表，并补画2-2断面图。

分题二：抄绘《道路工程制图》教材中图14-16中1、2、3号桥墩盖梁钢筋布置图及桥墩盖梁钢筋明细表。

三、要求

1. 图纸：透明描图纸，A3幅图。标题栏格式和以前作业相同。
2. 图名：

分题一：钢筋混凝土梁结构图。

分题二：1、2、3号桥墩盖梁钢筋布置图。

图别：专业制图。

3. 比例：

分题一：1∶50，其中断面图用1∶20。

分题二：1∶30。

4. 图线：墨线图。受力钢筋线粗0.5～0.7mm，非受力钢筋线粗0.25～0.35mm，尺寸线及轮廓线粗0.1～0.2mm。

5. 字体：汉字用长仿宋体。其中图名汉字为7号，剖面图编号数字和比例数字为5号，尺寸数字为3.5号，断面图中小方格内钢筋编号数字为2.5号，其余汉字为5号。图纸标题栏中的学校名和图名用7号字，其余汉字用5号字，日期用3.5号字。

四、说明

1. 必须详细阅读教材第十四章有关内容，再进行绘图。分题一要加绘2-2断面图。
2. 要注意立面图上重叠的受力钢筋线，净间距为0.5～0.6mm，上墨时要注意先从最外面的一条粗线画起，逐渐往里面画，保持均匀，避免钢筋线条混淆不清。
3. 钢筋弯钩、净距等均采用夸张放大来画，以清楚为度。
4. 由于立面图上受力钢筋之间净距以每根0.5～0.6mm排列，故对应钢筋成型图中统一编号的钢筋在画图时高度略有差异，但尺寸注写不变。
5. 底稿铅笔图可直接画在透明描图纸上再上墨，也可先在绘图纸上画铅笔底稿，不需分图线粗细，上墨时按规定线宽上墨。

十四	桥梁工程图作业(二)	专业	班级	姓名	学号	日期	评阅	成绩	

作业指导书

涵洞工程图

一、目的

1. 熟悉一般涵洞工程图的内容和要求。
2. 掌握绘制涵洞工程图的方法和步骤。

二、内容

分题一：抄绘《道路工程制图》教材第十五章图15-11所示的圆管涵端墙式单孔构造图。

分题二：抄绘《道路工程制图》教材第十五章图15-13所示的钢筋混凝土盖板涵构造图。

三、要求

1. 图纸：绘图纸，A3图幅。标题栏格式和以前作业相同。
2. 图名：

分题一：圆管涵端墙式单孔构造图。

分题二：钢筋混凝土盖板涵构造图。

图别：专业制图。

3. 比例：分题一：1∶30；分题二：1∶40。
4. 图线：铅笔绘制。主要可见轮廓线采用0.5～0.7mm，次要可见轮廓线采用0.25～0.35mm，不可见轮廓线采用0.25～0.35mm的虚线，剖面线、边坡和锥坡线、尺寸线等采用0.1～0.2mm。
5. 字体：汉字采用长仿宋体。图名汉字为7号，剖面图编号数字为5号，尺寸数字为3.5号，其余汉字为5号。图纸标题栏中的学校名和图名用7号字，其余汉字用5号字，日期用3.5号字。

四、说明

1. 按A3图幅的规格，用H铅笔先画图框、图标的底稿线，然后按照图样比例所占的位置大小来布图，要考虑标注尺寸和文字说明的位置。
2. 纵剖面图流水坡度为1%，由于坡度较小，为简化作图，采用水平线画出。
3. 路基覆土厚度>50cm，具体数字根据作图而定。
4. 其他：

分题一：

(1) 涵洞口的锥形护坡是根据长、短轴半径画四分之一椭圆(中粗线)，示坡线(细线)用尺均匀画出。填土、防水层和钢筋混凝土的符号均采用45°细实线，一律严格用45°三角板均匀画出。

(2) 纵剖面图斜坡及路基画图提示见本页附图。

分题二：

(1) 将2-2断面的剖切位置在半平面图及半剖面图中改画在原断面4-4的位置，作业中的2-2断面图也要按新位置画，基础底宽可在平面图中量取，墙高尺寸可在纵剖面图中量取，并标注尺寸。

(2) 浆砌块石符号仅画局部，无需全部画出。

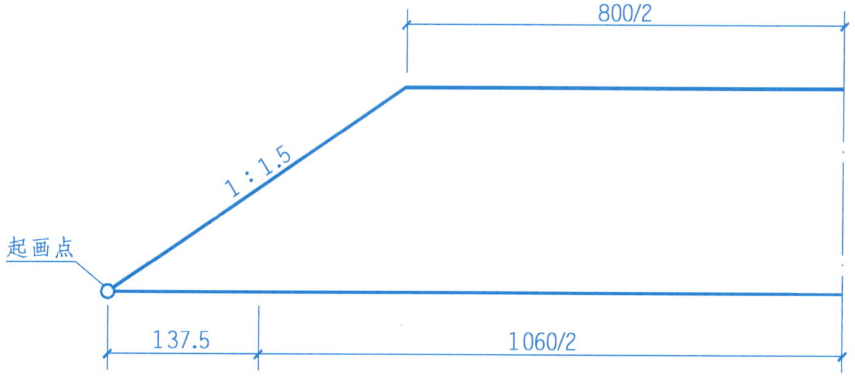

附图

| 十五 | 隧道涵洞工程图作业 | 专业 | 班级 | 姓名 | 学号 | 日期 | 评阅 | 成绩 |

十六、房屋施工图

16-1 填空

(1) 建筑施工图一般包括建设施工图的图纸目录、建筑施工总说明、_____、_____、_____、_____、建筑详图和门窗表等图纸。

(2) 房屋中的_____或屋架等是主要的承重构件，在建筑施工图中必须为这些承重构件画上_____，作为施工过程中定位、放样的重要依据。

(3) 相对标高一般是以建筑物_____为零点，其他各个位置的标高以此为基准。

(4) 建筑总平面图是表达_____的水平投影图，主要表示新建房屋基地范围内的地形、地貌、道路、_____等。

(5) 建筑平面图反映了建筑物的_____以及其他构配件的布置等。

(6) 平面图中的外墙尺寸规定标注三道：最外面一道为总尺寸，标明房屋的_____；第二道为轴线之间的尺寸，一般为房间的_____；最里面一道标出了外墙上门窗洞的_____。

(7) 建筑立面图主要用来反映房屋的_____墙面的装修材料和色彩等的图样。

(8) 建筑剖面图主要是用来表达_____的图样。从剖面图中可以了解各楼层房间的_____、室内外高差、屋顶坡度以及内部结构形式和构造情况等。

(9) 剖面图的剖切位置一般选择在能反映房屋全貌、构造特征的_____的部位。

(10) 砖混结构和钢筋混凝土结构施工图一般由_____和结构详图组成。

(11) 基础施工图，一般由基础平面图和_____组成。

(12) 结构平面图主要表达楼面、屋面、梁、柱、墙等承重构件的平面布置，重点表达_____和相关的梁、柱、墙的平面位置。

(13) 钢筋混凝土构件有定型构件和非定型构件两种。定型构件(包括预制和现浇)可以直接查阅标准图集或通用图集，不需要绘制详图。非定型构件必须绘制详图。一般钢筋混凝土_____等现浇构件都需要绘制详图。

(14) 钢筋混凝土梁的配筋详图一般由_____组成。图中用_____画钢筋，_____画可见的外形轮廓线。

(15) 室内给排水施工图是表示房屋内部的_____及其管道的配置情况和相互关系的图样。

(16) 室内给排水施工图主要包括_____、_____、设备安装详图和施工说明等工程图样。

(17) 系统原理图(或系统轴测图)简称系统图。它在一张图纸中完整、连贯地显示出管路系统在三维方向上的分布和连接。习惯上系统图一般用_____图来绘制。

16-2 说明下列图例、代号或标注的意义。

		A131.51 / B278.25	18	

			▼43.00	▽2.800

5/2 ○			5 ○	

5/2 ○			5 ○	

YKB　　　　GL　　　　YP　　　　GZ　　　　JL

φ8@200　　　　　　　2φ22

9-YKB-7-36-2

十六　房屋施工图(一)

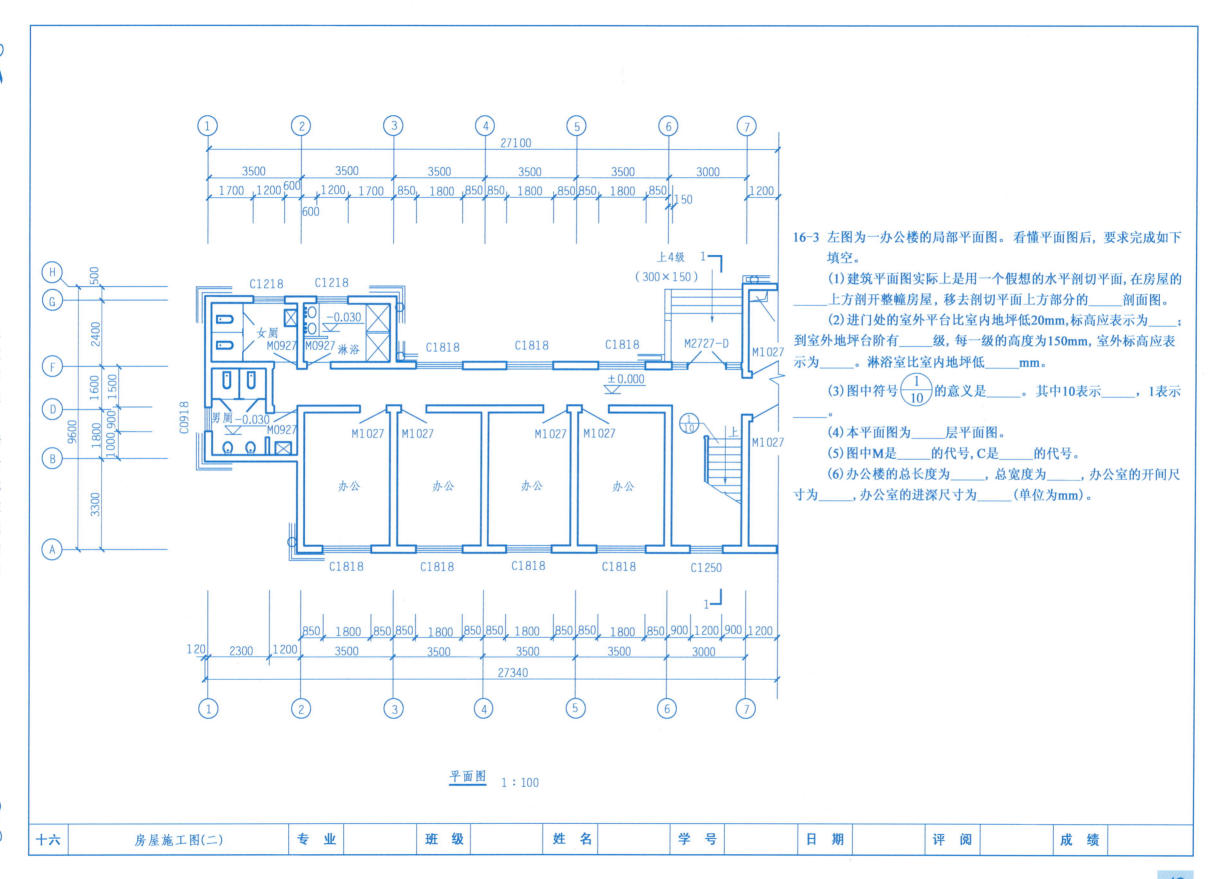

16-3 左图为一办公楼的局部平面图。看懂平面图后，要求完成如下填空。

(1) 建筑平面图实际上是用一个假想的水平剖切平面，在房屋的____上方剖开整幢房屋，移去剖切平面上方部分的____剖面图。

(2) 进门处的室外平台比室内地坪低20mm，标高应表示为____；到室外地坪台阶有____级，每一级的高度为150mm，室外标高应表示为____。淋浴室比室内地坪低____mm。

(3) 图中符号 ①/10 的意义是____。其中10表示____，1表示____。

(4) 本平面图为____层平面图。

(5) 图中M是____的代号，C是____的代号。

(6) 办公楼的总长度为____，总宽度为____，办公室的开间尺寸为____，办公室的进深尺寸为____(单位为mm)。

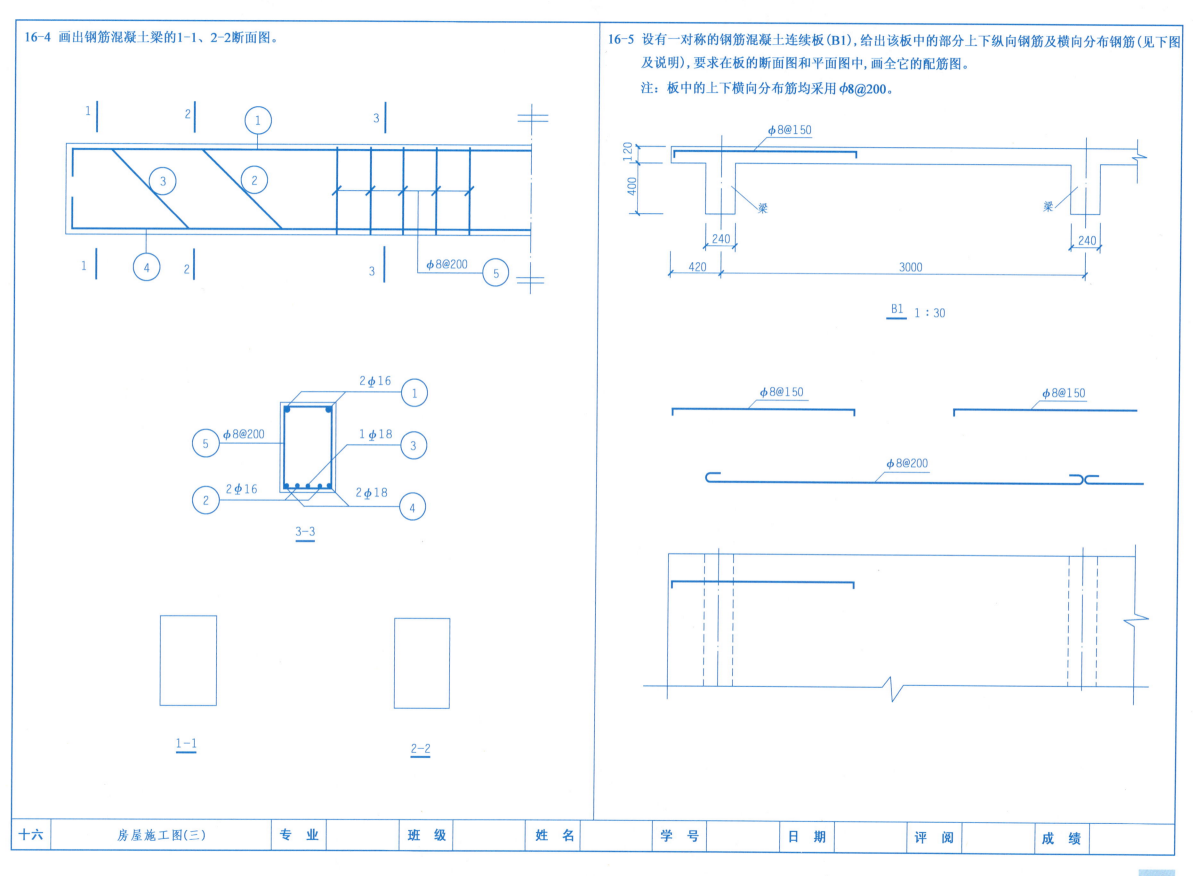

作 业 指 导 书

底层平面图

一、目的

1. 熟悉一般居住建筑的建筑平面图的内容和表达方法。
2. 掌握绘制建筑平面图的步骤和方法。

二、内容

抄绘教材中图16-6底层平面图。

三、要求

1. 图纸：透明描图纸，A3图幅。
2. 图名：底层平面图。图别：房屋施工图。
3. 比例：1∶100。
4. 图线：剖切到的墙身轮廓线宽度约0.7mm，门窗的图例线宽度约0.35mm，较细小的建筑构配件轮廓线、定位轴线、指引线、尺寸线等宽度约0.18mm。
5. 字体：汉字应注写长仿宋体，字母、数字用标准字体书写。建议：房间名称或说明用5号字；图名用7号字；定位轴线编号用5号字；尺寸数字和门窗型号用3.5号字；正式写字前，先在底稿上按字号大小，画字高线或打方格。

四、说明

1. 先在绘图纸上，用H铅笔画底稿线（轻、细）。然后在铅笔底稿的基础上，用墨线笔按图线的各类线型、线宽要求上墨。最后，注写尺寸、名称、说明等。
2. 砖墙断面需在描图纸的背面用红铅笔涂上均匀的红色，钢筋混凝土柱子的断面用墨线笔涂墨。
3. 作图要求正确，图线粗细分明，尺寸标注无误，字体端正、整齐，图面布置匀称、整洁。

十六	房屋施工图阶段作业	专业	班级	姓名	学号	日期	评阅	成绩

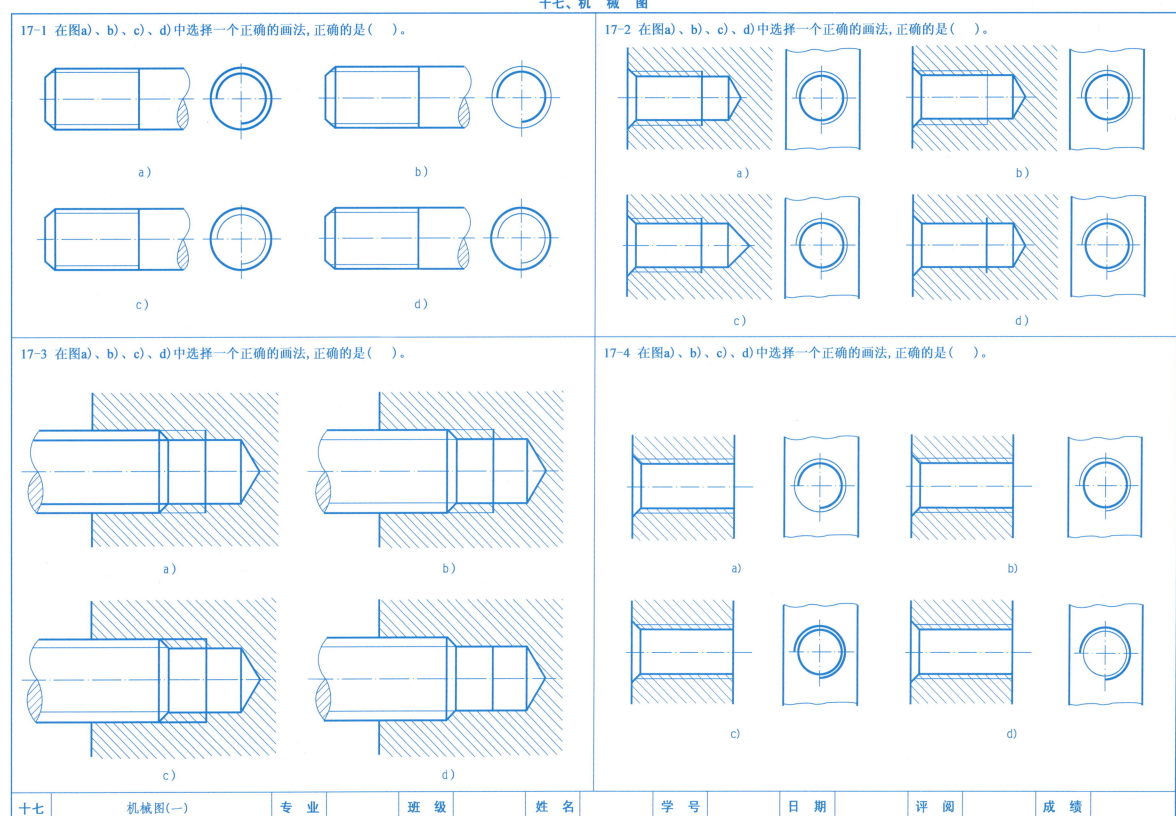

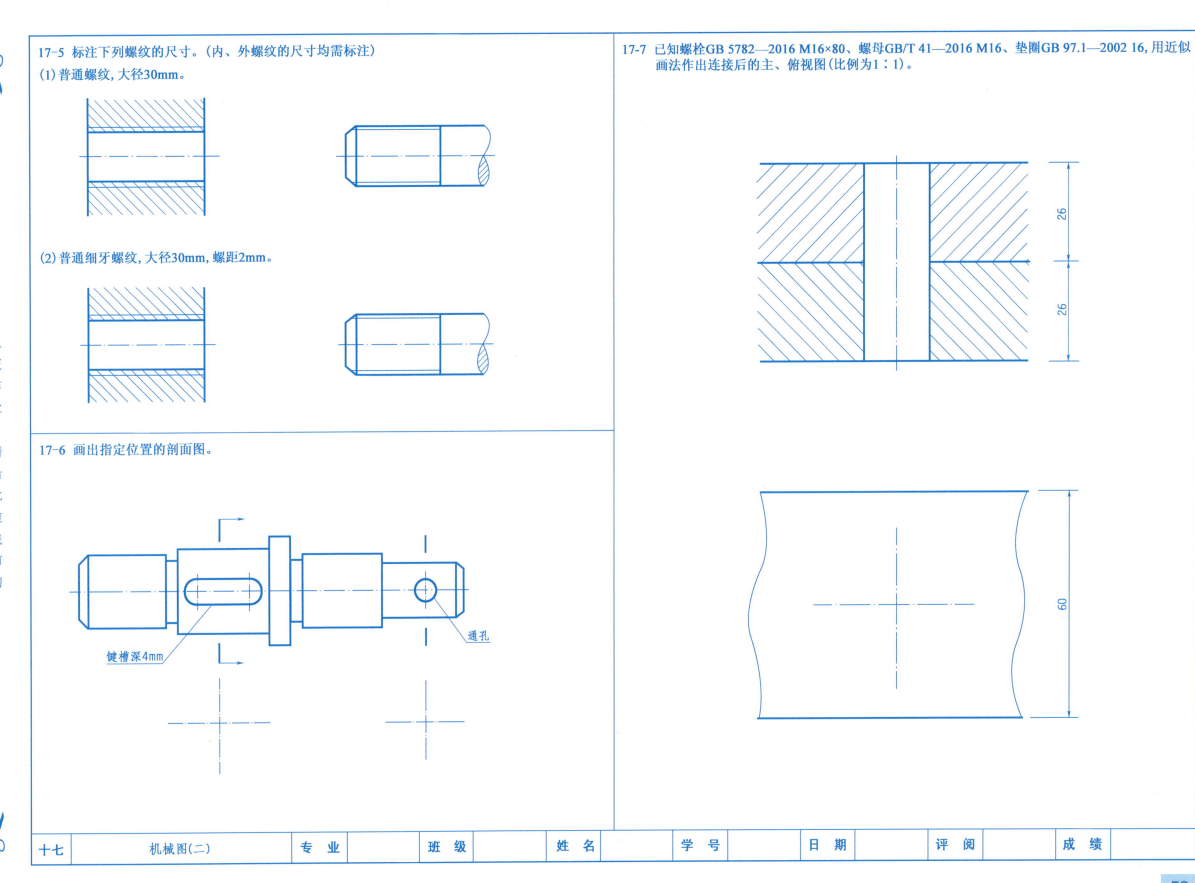